KIIREPARANDUS VÕIMALUSTE KOOKRAAMAT

100 lihtsat retsepti maitsvaks mugavustoiduks

Galina Põder

Autoriõigus materjal ©2024

Kõik õigused kaitstud

Ühtegi selle raamatu osa ei tohi mingil kujul ega vahenditega kasutada ega edastada ilma kirjastaja ja autoriõiguse omaniku nõuetekohase kirjaliku nõusolekuta, välja arvatud ülevaates kasutatud lühikesed tsitaadid. Seda raamatut ei tohiks pidada meditsiiniliste, juriidiliste või muude professionaalsete nõuannete asendajaks.

SISUKORD

SISUKORD **3**
SISSEJUHATUS **6**
MUNAPAJAROAD **7**
   1. Spargel – inglise muffiniküpsetus 8
   2. Küpsetatud hommikusöök Burritod 10
   3. Munapuder ja singipitsa 12
   4. Peekoni ja munade pajaroog 14
   5. Vorsti-hašipruun hommikusöögiküpsetus 16
   6. Edela-munad 18
   7. Kirsi marjadKaerahelbe pajaroog 20
   8. Omlett Brunch 22
   9. Poolkuu, räsipruun ja vorstiküpsetus 24
   10. Rosina prantsuse röstsaia pajaroog 26
   11. Spinat Frittata 28
   12. Šveitsi vorsti pajaroog 30
   13. Kaneeli rosinarulli pajaroog 32
   14. Õun Raiskama sarvesaia küpsetamine 34
   15. Mustika Prantsuse röstsai küpsetamine 36
   16. Põhiline prantsuse röstsaia pajaroog 38
LINNULIHA VÕRJUD **40**
   17. Brokkoli kana pajaroog 41
   18. India pähkli kana 43
   19. Juustune kana 45
   20. Tortilla Chip Enchiladas 47
   21. Maisileib Kana pajaroog 49
   22. Peresõbralik kana Enchiladas 51
   23. Fiesta kanapajaroog 53
   24. Magus sidrunikana pajaroog 55
   25. Mango kana pajaroog 57
   26. Mooniseemne pajaroog 59
   27. Ananassi kana pajaroog 61
   28. Edela-kana rullid 63
   29. Šveitsi kana 65
   30. Kalkuni ja kartuli küpsetamine 67
   31. Teriyaki kana 69
   32. Metsik riis ja kana 71
   33. Basiiliku kana pajaroog 73
   34. Pärast tänupüha pajarooga 75

35. Türgi Tortilla pajaroog 77
36. Turketti 79
37. Täidis ja kalkuni pajaroog 81
38. Türgi Diivan 83
KÖÖGIVÕIVAD VÕRJUD 85
39. Spargli pajaroog 86
40. Turske köögiviljapajaroog 88
41. Mozzarella kartuli pajaroog 90
42. Kreemjas spinati pajaroog 92
43. Mehhiko pizza pajaroog 94
44. Magus sibula pajaroog 96
45. Taimne lambakoera pirukas 98
46. Köögiviljatäidisega pajaroog 100
47. Küpsetatud juustune suvikõrvits 102
KAUNVILJA- JA UBADE PAJAROAD 104
48. Virnastatud musta oa tortillapirukas 105
49. Roheliste ubade pajaroog 107
50. Indiana maisisõbra pajaroog 109
51. Hominy pajaroog 111
RIISI- JA NUUDLIPAJAROAD 113
52. Nuudlipudingi pajaroog 114
53. Tursapasta pajaroog 116
54. Türgi nuudli pajaroog 119
55. Mereandide pasta pajaroog 121
56. Riisi ja rohelise Tšiili pajaroog 123
57. Kala- ja juustupasta pajaroog 125
58. Rotini küpsetamine 127
59. Cheddari singi nuudli pajaroog 129
60. Itaalia makaronide küpsetamine 131
61. Alfredo küpsetatud ravioolid 133
SEALIHAPAJAROAD 135
62. Vorsti spageti pajaroog 136
63. Kanada peekonipitsa küpsetamine 138
64. Brokkoli ja singipott 140
65. Chicago stiilis pizza pajaroog 142
66. Maa brokkoli, juust ja sink 144
67. Šveitsi juustu sealihakotletid 146
68. Hash Pruun taevas 148
69. Jambalaya 150
70. Apelsini riis ja sealihakotletid 152
71. Vorsti Pepperoni pajaroog 154
VEISELIHAPAUJ 156
72. Veiseliha Potpie 157

73. Maisileib tšillil 159
74. Enchilada pajaroog 161
75. Toorjuust Enchiladas 163
76. Chilighetti 165
77. Sügav roogTacos 167
78. Kauboi pajaroog 169
79. Uskumatu juustuburgeri pirukas 171
80. Liha ja kartuli pajaroog 173
81. Lihapalli pajaroog 175
82. Sibularõngas grill küpsetada 177
83. Lohakas Joe Pie pajaroog 179
84. Edela pajaroog 181
85. Tater Tot pajaroog 183

KALA- JA MEREANDIDE PAJAROAD 185

86. Tuunikala-Tater Tot pajaroog 186
87. Traditsiooniline tuunikala pajaroog 188
88. Sinepilõhe pajaroog 190
89. Lõhe õhtusöögi pajaroog 192
90. Bayou mereandide pajaroog 194
91. Kreemjas mereandide pajaroog 196
92. Hiidlesta pajaroog 198
93. Küpsetatud merikeele ja spinati pajaroog 200
94. Pajaroog maisi- ja kalapulkadega 203
95. Austri pajaroog 205
96. Kreveti pajaroog 208
97. Mereandide gratiini pajaroog 210

MAGUSAD PAJAROAD 212

98. Pajaroog maasika-purukook 213
99. Šokolaaditükkidega banaanipannkoogi pajaroog 215
100. Smoresi pajaroog 217

KOKKUVÕTE 219

SISSEJUHATUS

Tere tulemast raamatusse "Kiirparanduste pajaroogade kokaraamat: 100 lihtsat retsepti maitsvaks mugavaks toiduks". Pajaroad on mugava toidu kehastus, pakkudes soojust, maitset ja kodutunnet igas suutäies. Selles kokaraamatus kutsume teid avastama kergete ja rahuldavate roogade rõõmu 100 suussulava pajaroa retsepti kogumiga, mis on loodud teie köögis veedetud aja lihtsustamiseks ja maitsemeeli rõõmustamiseks.

Pajaroad on armastatud nende mitmekülgsuse, lihtsuse ja võimaluse tõttu toita rahvast minimaalse pingutusega. Olenemata sellest, kas valmistate süüa töiseks nädalaõhtusöögiks, koosviibimiseks või lihtsalt ihaldate pärast pikka päeva lohutavat einet, leiate neilt lehtedelt inspiratsiooni ja mugavust. Klassikalistest lemmikutest, nagu makaronid, juust ja veiselihastrooganov kuni traditsiooniliste retseptide uuenduslike keerdudeni, leidub pajaroog igaks elujuhtumiks ja igaks maitseks.

Kõik selle kokaraamatu retseptid on hoolikalt koostatud, et tagada maksimaalne maitse minimaalse tüliga. Arusaadavate juhiste, tavapäraste koostisosade ja kasulike toiduvalmistamise ja säilitamise näpunäidete abil saate hõlpsalt valmistada maitsvat vormirooga isegi kõige kiirematel päevadel. Olenemata sellest, kas olete kogenud kodukokk või köögis uustulnuk, leiate palju võimalusi oma isu rahuldamiseks ja söögikordade lihtsustamiseks.

Niisiis, haarake oma pajaroog, soojendage ahi ja olge valmis nautima "Pajaroogade kiirparanduse kokaraamatu" lohutavat headust. Oma vastupandamatute retseptide ja praktilise lähenemisega toiduvalmistamisele saab sellest kokaraamatust kindlasti teie köögis paljudeks aastateks põhiosa.

MUNAPAJAROAD

1.Spargel – inglise muffiniküpsetus

KOOSTISOSAD:
- 1 nael värsket sparglit, lõigatud 1-tollisteks tükkideks
- 5 inglise muffinit, poolitatud ja röstitud
- 2 tassi riivitud Colby Jacki juustu, jagatud
- 1 ½ tassi kuubikuteks lõigatud täielikult keedetud sinki
- ½ tassi hakitud punast paprikat
- 8 muna, lahtiklopitud
- 2 tassi piima
- 1 tl soola
- 1 tl kuiva sinepit
- ½ tl musta pipart

JUHISED:
a) Keeda 4-liitrises kastrulis sparglitükke 1 minut. Nõruta ja pane toiduvalmistamise peatamiseks suurde jääveega kaussi. Nõruta ja patsuta spargel paberrätikutega kuivaks.
b) Asetage ingliskeelsed muffinipoolikud, lõikepool üleval, nii, et moodustuks koorik rasvaga määritud 9x13-tollisele pannile. Tükelda muffinid, et täita pannil olevad tühjad kohad vastavalt vajadusele. Laota muffinitele kiht spargel, pool juustust, sink ja paprika.
c) Vahusta suures kausis munad, piim, sool, kuiv sinep ja pipar. Vala munasegu ühtlaselt muffinitele. Kata kaanega ja jahuta 2 tundi või üleöö. Eemaldage külmkapist enne ahju eelkuumutamist 375 kraadini. Küpseta 40–45 minutit või kuni see on keskel hangunud. Puista kohe peale ülejäänud juust ja serveeri.

2.Küpsetatud hommikusöök Burritod

KOOSTISOSAD:
- 12 muna
- ¾ tassi rammusat salsat
- 10 keskmise jahuga tortillat
- 4 untsi purki hakitud rohelisi tšillit
- 1 tass riivitud Cheddari juustu

JUHISED:
a) Kuumuta ahi 350 kraadini.
b) Prae pannil munapuder ja salsa omavahel tugevaks, kuid mitte kuivaks. Kuumuta tortillasid mikrolaineahjus pehmeks. Pane iga tortilla keskele lusikatäis munapuderit.
c) Rulli tortilla kokku ja aseta rasvainega määritud 9x13-tollisele pannile.
d) Puista peale rohelist tšillit ja juustu.
e) Katke ja küpseta 15 minutit.

3.Munapuder ja singipitsa

KOOSTISOSAD:
- 1 toru (13,8 untsi) jahutatud pitsakooriku tainas
- 8 muna
- 2 spl piima
- soola ja pipart, maitse järgi
- 1–½ tassi kuubikuteks lõigatud täielikult keedetud sinki
- 1 tass riivitud Cheddari juustu

JUHISED:
a) Kuumuta ahi 400 kraadini.
b) Määri pitsakooriku tainas määritud 9x13-tollise panni põhja ja külgede poole. Küpseta 8 minutit.
c) Prae pannil vahustada ja keeta munad ja piim kõvaks, kuid mitte kuivaks. Maitsesta soola ja pipraga.
d) Määri kuumale koorikule munapuder. Aseta sink ja juust ühtlaselt munadele.
e) Küpseta 8–12 minutit või kuni koorik on kuldpruun ja juust sulanud.

4.Peekoni ja munade pajaroog

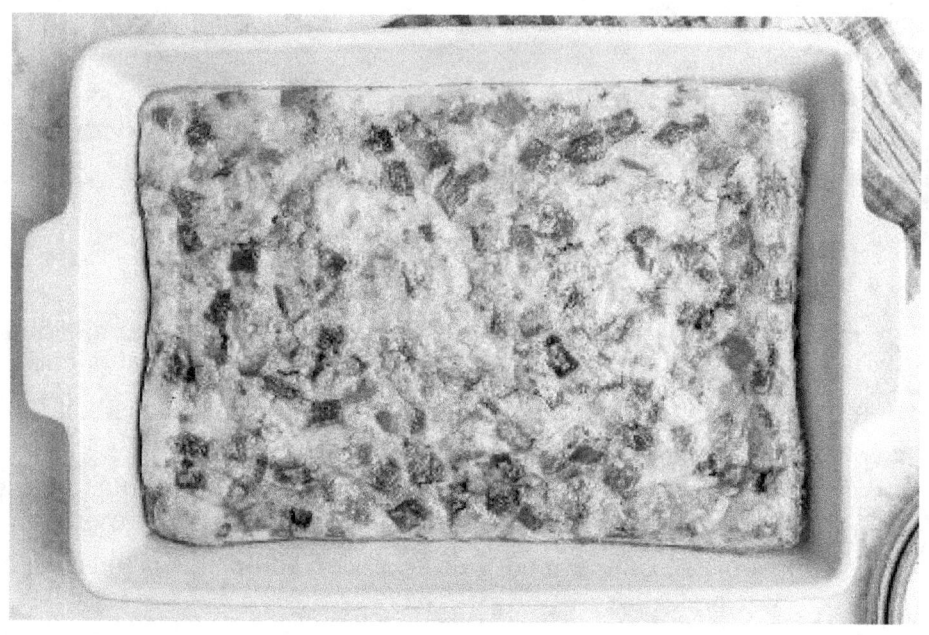

KOOSTISOSAD:
- 12 muna
- 1 tass piima
- 1 tass riivitud Monterey Jacki juustu, jagatud
- 1 nael peekonit, keedetud ja murendatud
- 1 hunnik rohelist sibulat, hakitud

JUHISED:
a) Kuumuta ahi 325 kraadini.
b) Klopi kausis lahti munad, piim ja pool juustust. Sega juurde peekon ja sibul. Valage segu määritud 9x13-tollisse pannile.
c) Katke ja küpseta 45–55 minutit või kuni munad on hangunud.
d) Vala kohe peale ülejäänud juust ja serveeri.

5.Vorsti-hašipruun hommikusöögiküpsetus

KOOSTISOSAD:
- 3-½ tassi külmutatud hakitud räsipruune
- 1 kilo vorsti, pruunistatud ja nõrutatud
- 1 tass riivitud Cheddari juustu
- 6 muna, lahtiklopitud
- ¾ tassi piima
- 1 tl kuiva sinepit
- ½ tl soola
- ½ tl musta pipart

JUHISED:
a) Määri räsipruunid määritud 9x13-tollise panni põhja. Puista peale keeduvorst ja juust.
b) Sega kausis munad, piim, kuiv sinep, sool ja pipar. Vala munasegu ühtlaselt vorsti- ja räsipruunidele. Kata kaanega ja jahuta 2 tundi või üleöö.
c) Eemaldage külmkapist 20 minutit enne küpsetamist ja soojendage ahi 350 kraadini. Katke ja küpseta 30 minutit. Avage kaas ja küpsetage veel 5–8 minutit või kuni keskosa on hangunud.

6.Edela-munad

KOOSTISOSAD:
- 12 muna
- ½ tassi piima
- 2 purki (igaüks 4 untsi) hakitud rohelist tšillit
- ½ tassi hakitud punast paprikat
- 1 tass riivitud Cheddari juustu
- 1 tass riivitud Monterey Jacki juustu

JUHISED:
a) Kuumuta ahi 350 kraadini.
b) Klopi kausis lahti munad ja piim. Kõrvale panema.
c) Määrige määritud 9x13-tollisele pannile kihiti tšillid, paprika ja juust. Vala peale munasegu.
d) Katke ja küpsetage 30–40 minutit või kuni munad on keskel hangunud.

7.Kirsi marjadKaerahelbe pajaroog

KOOSTISOSAD:
- 2 tassi kuiva valtsitud kaera
- ½ tassi pluss 2 spl. helepruun suhkur
- 1 tl küpsetuspulbrit
- 1 tl jahvatatud kaneeli
- ½ tl soola
- ½ tassi kuivatatud kirsse
- ½ tassi värskeid või sulatatud külmutatud mustikaid
- ¼ tassi röstitud mandleid
- 1 tass täispiima
- 1 tass pool ja pool koort
- 1 muna
- 2 spl. sulatatud soolata või
- 1 tl vaniljeekstrakti

JUHISED:
a) Kuumuta ahi 375°-ni. Pihustage 8-tollisele ruudukujulisele ahjupannile mittenakkuva küpsetuspihustiga.
b) Lisa segamisnõusse kaer, ½ tassi fariinsuhkrut, küpsetuspulber, kaneel, sool, kirsid, ¼ tassi mustikaid ja ⅛ tassi mandleid. Sega ühtlaseks ja laota küpsetuspannile.
c) Puista peale ¼ tassi mustikaid ja ⅛ tassi mandleid.
d) Lisa segamisnõusse piim, pool ja pool koort, muna, või ja vanilliekstrakt. Vahusta ühtlaseks ja vala pajaroa ülaosale. Ärge segage. Puista peale 2 spl fariinsuhkrut.
e) Küpseta 30 minutit või kuni pajaroog on tahenenud ja kaerahelbed pehmed. Võta ahjust välja ja lase enne serveerimist 5 minutit seista.

8.Omlett Brunch

KOOSTISOSAD:
- 18 muna
- 1 tass hapukoort
- 1 tass piima
- 1 tl soola
- ¼ tassi hakitud rohelist sibulat
- 1 tass riivitud Cheddari juustu

JUHISED:
a) Kuumuta ahi 325 kraadini.
b) Vahusta suures kausis munad, hapukoor, piim ja sool. Murra sisse roheline sibul. Valage segu määritud 9x13-tollisse pannile. Küpseta 45–55 minutit või kuni munad on hangunud.
c) Enne serveerimist puista peale kohe juust ja lõika ruutudeks.

9.Poolkuu, räsipruun ja vorstiküpsetus

KOOSTISOSAD:
- 8 untsi toru jahutatud poolkuu rulli tainas
- 10,4 untsi vorstilinke, pruunistatud, nõrutatud ja viilutatud
- 1 tass külmutatud hakitud räsipruune
- 1 ½ tassi riivitud Cheddari juustu
- 5 muna
- ⅓ tassi piima
- soola ja pipart, maitse järgi

JUHISED:
a) Kuumuta ahi 375 kraadini.
b) Rullige poolkuud lahti ja suruge tainas 12-tollise ümmarguse pitsapanni põhja ja külgedele.
c) Puista taignale vorst, räsipruunid ja juust.
d) Klopi kausis kahvliga lahti munad, piim, sool ja pipar. Vala munasegu taignale.
e) Küpseta 30 minutit.
f) Serveeri viilud värske salsaga.

10. Rosina prantsuse röstsaia pajaroog

KOOSTISOSAD:
- 1 päts (24 untsi) kaneeli-rosinaleib, kuubikuteks
- 6 muna, kergelt lahtiklopitud
- 3 tassi piima
- 2 tl vanilli
- tuhksuhkur

JUHISED:
a) Asetage saiakuubikud võiga määritud 9x13-tollisele pannile.
b) Vahusta kausis munad, piim ja vanill. Vala munasegu ühtlaselt leivale. Kata kaanega ja jahuta 2 tundi või üleöö.
c) Eemaldage külmkapist 20 minutit enne küpsetamist ja soojendage ahi 350 kraadini.
d) Küpseta kaaneta 45–50 minutit või kuni kuldpruunini.
e) Puista peale tuhksuhkrut. Serveeri vahtrasiirupiga.

11. Spinat Frittata

KOOSTISOSAD:
- 4 muna
- 1 ½ tassi piima
- ½ tl soola
- 1 pakk (10 untsi) külmutatud spinat, sulatatud ja nõrutatud
- ¾ tassi riivitud cheddari või Šveitsi juustu

JUHISED:
a) Kuumuta ahi 400 kraadini.
b) Klopi kausis lahti munad, piim ja sool. Valage segu rasvainega määritud 8x8-tollisele pannile. Määri spinat munasegule. Küpseta 17–22 minutit või kuni munad on hangunud. Puista peale juust.

12.Šveitsi vorsti pajaroog

KOOSTISOSAD:
- 10 viilu saia, kuubikuteks
- 1 kilo vürtsikat vorsti, pruunistatud ja nõrutatud
- 4 untsi purki viilutatud seeni, nõrutatud
- ¾ tassi riivitud Cheddari juustu
- 1 ½ tassi riivitud Šveitsi juustu
- 8 muna, lahtiklopitud
- 2 tassi pool ja pool
- 2 tassi piima
- 1 tl soola
- 1 tl musta pipart

JUHISED:
a) Asetage saiakuubikud määritud 9x13-tollisele pannile. Murenda keeduvorst leiva peale. Laota seened ühtlaselt vorsti peale ja puista peale juustu.
b) Sega suures kausis munad, pool ja pool, piim, sool ja pipar. Vala munasegu ühtlaselt juustule. Kata kaanega ja jahuta 2 tundi või üleöö.
c) Eemaldage külmkapist 20 minutit enne küpsetamist ja soojendage ahi 350 kraadini. Katke ja küpseta 30 minutit. Avage kaas ja küpsetage veel 15–20 minutit.

13. Kaneeli rosinarulli pajaroog

KOOSTISOSAD:
- 2 purki jahutatud kaneelirulli, suurus 12 untsi
- ¼ tassi helepruuni suhkrut
- 1 tass rosinaid
- 4 muna
- ½ tassi rasket koort
- 2 spl. Vahtra siirup
- 2 ½ tl vaniljeekstrakti
- 1 tl jahvatatud kaneeli
- 4 untsi toorjuustu, pehmendatud
- 1 tass tuhksuhkrut
- 4 spl. soolata või, pehmendatud

JUHISED:
a) Kuumuta ahi 350°-ni. Pihustage 10-tollist sügavat pirukavormi mittenakkuva küpsetusspreiga. Eemaldage kaneelirullid purgist.
b) Aseta pool kaneelirullidest pirukavormi. Puista kaneelirullidele 2 spl pruuni suhkrut ja ½ tassi rosinaid.
c) Lisa segamisnõusse munad, rõõsk koor, vahtrasiirup, 2 tl vaniljeekstrakti ja kaneel. Vahusta ühtlaseks ja vala pirukavormi kaneelirullidele. Aseta peale ülejäänud kaneelirullid. Puista peale ülejäänud pruun suhkur ja ½ tassi rosinaid.
d) Küpseta 30 minutit või kuni pajaroog on tahenenud ja kaneelirull on kuldpruun.
e) Võta ahjust välja. Lisa segamisnõusse toorjuust, tuhksuhkur, või ja ½ tl vaniljeekstrakti.
f) Vahusta ühtlaseks ja kombineeritud massiks. Laota rullidele ja serveeri.

14.Õun Raiskama sarvesaia küpsetamine

KOOSTISOSAD:
- 6 spl. soolata või
- ½ tassi helepruuni suhkrut
- 3 Granny Smithi õuna, südamikust ja kuubikuteks lõigatud
- 3 Fuji õuna, südamikust puhastatud ja kuubikuteks lõigatud
- ½ tassi pluss 1 spl. õunavõi
- 1 tl maisitärklist
- 6 suurt croissanti, kuubikuteks
- ½ tassi rasket koort
- 3 lahtiklopitud muna
- 1 tl vaniljeekstrakti
- ¼ tl õunakoogi vürtsi
- ½ tassi tuhksuhkrut

JUHISED:

a) Kuumuta ahi 375°-ni. Pihustage 9 x 13 ahjupanni mittenakkuva küpsetusspreiga. Suures pannil keskmisel kuumusel lisage või. Kui või sulab, lisa fariinsuhkur. Sega, kuni pruun suhkur lahustub.

b) Lisa õunad pannile. Sega kuni segunemiseni. Küpseta 6 minutit või kuni õunad pehmenevad. Lisa pannile 1 spl õunavõid ja maisitärklis. Sega kuni segunemiseni. Eemaldage pann tulelt.

c) Laota sarvesaia kuubikud ahjupannile. Tõsta peale lusikaga õunad. Lisa segamisnõusse koor, munad, vaniljeekstrakt, õunakoogi vürts ja ½ tassi õunavõid. Vahusta ühtlaseks ja vala pajaroa ülaosale.

d) Veenduge, et sarvesaia kuubikud oleksid vedelikuga kaetud.

e) Küpseta 25 minutit või kuni pajaroog on keskele hangunud.

f) Võta ahjust välja ja puista peale tuhksuhkrut. Serveeri soojalt.

15.Mustika Prantsuse röstsai küpsetamine

KOOSTISOSAD:
- 12 viilu päevavanune prantsuse leib, 1" paks
- 5 lahtiklopitud muna
- 2 ½ tassi täispiima
- 1 tass helepruuni suhkrut
- 1 tl vaniljeekstrakti
- ½ tl jahvatatud muskaatpähklit
- 1 tass hakitud pekanipähklit
- ¼ tassi sulatatud soolata võid
- 2 tassi värskeid või külmutatud mustikaid

JUHISED:
a) Pihustage 9 x 13 ahjupanni mittenakkuva küpsetusspreiga. Aseta leivaviilud ahjupannile. Lisa segamisnõusse munad, piim, ¾ tassi fariinsuhkrut, vaniljeekstrakt ja muskaatpähkel.

b) Vahusta ühtlaseks ja vala leivale. Kata pann kilega. Hoia külmkapis vähemalt 8 tundi, kuid mitte üle 10 tunni. Eemaldage pann külmkapist ja eemaldage pannilt kile.

c) Laske pajaroas 30 minutit toatemperatuuril seista. Kuumuta ahi 400°-ni. Puista pekanipähklid pajaroa ülaosale. Lisage väikesesse kaussi ¼ tassi pruuni suhkrut ja võid. Segage kuni segunemiseni ja puistake pajaroa ülaosale.

d) Küpseta 25 minutit. Puista pajaroa peale mustikad.

e) Küpseta 10 minutit või kuni pajaroa keskele torgatud nuga tuleb puhtana välja. Võta ahjust välja ja serveeri.

16. Põhiline prantsuse röstsaia pajaroog

KOOSTISOSAD:
- 1 tass helepruuni suhkrut
- ½ tassi soolamata võid
- 2 tassi heledat maisisiirupit
- 16 untsi prantsuse leiba, viilutatud
- 5 lahtiklopitud muna
- 1 ½ tassi täispiima
- Tuhksuhkur maitse järgi

JUHISED:
a) Pihustage 9 x 13 küpsetuspannile kergelt mittenakkuvat küpsetussprei. Lisa kastrulis madalal kuumusel pruun suhkur, või ja maisisiirup.
b) Segage kuni segunemiseni ja küpseta ainult seni, kuni kõik koostisosad on sulanud. Tõsta pann tulelt ja vala ahjupannile.
c) Asetage prantsuse leivaviilud siirupile. Kõiki saiaviile ei tohi ära kasutada. Vajadusel lõika saiaviilud sobivaks. Lisa segamisnõusse munad ja piim. Vahusta ühtlaseks ja vala saiaviiludele. Kata pann kilega. Hoia külmkapis vähemalt 8 tundi, kuid mitte üle 12 tunni.
d) Eemaldage pann külmkapist. Eemaldage kile ja laske vormil 30 minutit toatemperatuuril seista. Kuumuta ahi 350°-ni.
e) Küpseta 20-30 minutit või kuni pajaroog on tahenenud ja helekuldpruun.
f) Tõsta ahjust välja ja puista peale maitse järgi tuhksuhkrut.

LINNULIHA VÕRJUD

17. Brokkoli kana pajaroog

KOOSTISOSAD:
- 2 tassi tükeldatud keedetud kana
- 1 purk (10,75 untsi) seenesuppi, kondenseeritud
- ¼ tassi piima
- ¾ tassi riivitud Monterey Jacki juustu
- 1 pakk (10 untsi) külmutatud brokkoli, sulatatud
- ½ tassi rohelist sibulat, viilutatud
- ½ tl musta pipart

JUHISED:
a) Kuumuta ahi 350 kraadini.
b) Sega suures kausis kõik koostisosad omavahel. Laota segu määritud 9x13-tollisele pannile.
c) Küpseta 35–40 minutit või kuni kihisemiseni.

18.India pähkli kana

KOOSTISOSAD:
- 1 pakk (6,2 untsi) praetud riisi koos maitseainepakiga
- 2 tassi vett
- 2 kondita, nahata kanarinda, keedetud ja kuubikuteks lõigatud
- ½ tassi viilutatud sellerit
- 4-untsine kastanide kast, nõrutatud
- ⅔ tassi india pähkleid

JUHISED:
a) Kuumuta ahi 350 kraadini.
b) Sega kausis riis, maitseainepakk ja vesi.
c) Laota kana, riisisegu, seller ja vesikastanid rasvainega määritud 9x9-tollisele pannile. Katke ja küpsetage 30–40 minutit või kuni riis on valmis.
d) Puista üle india pähklitega.

19. Juustune kana

KOOSTISOSAD:
- 4 kuni 6 kondita, nahata kanarinda
- 1 karp (16 untsi) hapukoort
- 1 purk (10,75 untsi) sellerisuppi, kondenseeritud
- 1 purk (10,75 untsi) koort kanasuppi, kondenseeritud
- 1 ¼ tassi vett
- 2 tassi keetmata valget riisi
- 1 tass riivitud Cheddari juustu

JUHISED:
a) Kuumuta ahi 325 kraadini.
b) Asetage kana määritud 9x13-tollisele pannile.
c) Sega kausis hapukoor, supid, vesi ja keetmata riis. Vala kana peale. Katke ja küpseta 1 tund.
d) Puista juustuga vahetult enne serveerimist.

20. Tortilla Chip Enchiladas

KOOSTISOSAD:
- 2 tassi tükeldatud keedetud kana
- 2 purki (igaüks 10,75 untsi) koort kanasuppi, kondenseeritud
- 1 tass hapukoort
- ¼ tassi hakitud sibulat
- 1 kott (12 untsi) kotti purustatud tortillakrõpsud
- 1 tass riivitud Monterey Jacki juustu
- ½ tassi salsat

JUHISED:
a) Kuumuta ahi 350 kraadini.
b) Segage suures kausis kana, supp, hapukoor ja sibul.
c) Määri 9x13-tollisele pannile kihiti pooled laastud ja pool supisegust. Korda kihte.
d) Vala peale juust ja küpseta 30 minutit. Serveeri salsaga.

21. Maisileib Kana pajaroog

KOOSTISOSAD:
- 4 tassi keetmata munanuudleid
- 3 tassi tükeldatud keedetud kana
- 2 purki (igaüks 10,75 untsi) sellerisuppi, kondenseeritud
- 1 purk (15 untsi) kreemjas maisi
- 2 tassi riivitud cheddari juustu
- 1 pakk maisileiva segu (8x8-tolline panni suurus)

JUHISED:
a) Kuumuta ahi 350 kraadini.
b) Keeda nuudleid 5–7 minutit või kuni need on keedetud. Nõruta ja sega kana, supi, maisi ja juustuga. Valage nuudlisegu võiga määritud 9x13-tollisele pannile.
c) Sega kausis maisileiva segu pakendil loetletud koostisosadega. Tõsta nuudlisegule lusikaga maisileivatainas.
d) Küpseta 25–30 minutit või kuni maisileiva pealmine osa on kuldpruun.

22. Peresõbralik kana Enchiladas

KOOSTISOSAD:
- 3 tassi keedetud ja tükeldatud kana
- 2 purki (igaüks 10,75 untsi) koort kanasuppi, kondenseeritud
- 1 tass hapukoort
- 4 untsi purki tükeldatud rohelist tšillit, nõrutatud
- ¼ tassi kuivatatud hakitud sibulat
- 2 ½ tassi riivitud Cheddari juustu, jagatud
- 10 keskmise jahuga tortillat
- ⅓ tassi piima

JUHISED:
a) Kuumuta ahi 350 kraadini.

b) Kombineeri kana, 1 purgisupp, hapukoor, tšilli, sibul ja 1 ½ tassi juustu. Täida tortillad ⅓ kuni ½ tassi kanaseguga.

c) Rullige täidetud tortillad rulli ja asetage õmblusega pool allapoole määritud 9x13-tollisele pannile.

d) Sega ülejäänud supp piimaga ja määri tortillarullidele. Puista peale ülejäänud juust.

e) Katke ja küpseta 25 minutit. Avage kaas ja küpsetage veel 5–10 minutit või kuni see on läbi kuumenenud.

23. Fiesta kanapajaroog

KOOSTISOSAD:
- 2 tassi keetmata väikese koorega pastat
- 2 tassi tükeldatud keedetud kana
- 1 purk (16 untsi) keskmist salsat
- Peotäis oliive
- 2 tassi riivitud Mehhiko juustu

JUHISED:
a) Kuumuta ahi 350 kraadini.
b) Keeda pasta vastavalt pakendi juhistele ja nõruta.
c) Kombineerige kõik koostisosad määritud 9x13-tollises pannil.
d) Katke ja küpsetage 20–25 minutit või kuni see on läbi kuumenenud.
e) Kõige peale oliivid.

24. Magus sidrunikana pajaroog

KOOSTISOSAD:
- 6 kondita, nahata kanarinda
- 2 spl võid või margariini, sulatatud
- ⅓ tassi jahu
- ⅓ tassi mett
- ¼ tassi sidrunimahla
- 1 spl sojakastet

JUHISED:
a) Kuumuta ahi 350 kraadini.
b) Kasta kana võisse ja seejärel jahusse. Asetage määritud 9x13-tollisele pannile.
c) Kombineeri mesi, sidrunimahl ja sojakaste. Vala kaste kana peale.
d) Katke ja küpseta 40 minutit või kuni kana on valmis.

25. Mango kana pajaroog

KOOSTISOSAD:
- 1 tass keetmata valget riisi
- 2 tassi vett
- 4 kondita, nahata kanarinda
- 1 purk (12 untsi) mangosalsat

JUHISED:
a) Kuumuta ahi 350 kraadini.
b) Segage riis ja vesi õliga määritud 9x13-tollises pannil. Laota kana riisile ja vala peale mangosalsat.
c) Kata ja küpseta 1 tund.

26. Mooniseemne pajaroog

KOOSTISOSAD:
- 1 ½ naela jahvatatud kalkun
- 1 roheline või punane paprika, tükeldatud
- 3 purki (igaüks 8 untsi) tomatikastet
- ½ tl soola
- ½ tl musta pipart
- 1 pakk (8 untsi) toorjuustu, kuubikuteks
- ½ tassi hapukoort
- 1 tass kodujuustu
- 1 spl mooniseemneid
- 1 kott (12–18 untsi) lokkis nuudleid, keedetud ja nõrutatud
- 1 tl Itaalia maitseainet
- ½ tassi riivitud parmesani juustu

JUHISED:

a) Kuumuta ahi 350 kraadini.

b) Pruunista kalkunit ja paprikat koos, kuni kalkun on valmis. Kurna vedelik ära. Lisa tomatikaste, sool ja pipar ning hauta tasasel tulel.

c) Sega kausis toorjuust, hapukoor, kodujuust ja mooniseemned ning sega seejärel nõrutatud kuumade nuudlitega. Asetage nuudlisegu võiga määritud 9x13-tollise panni põhja ja lisage kalkuniliha segu. Katke ja küpseta 30 minutit.

d) Avage kaas ja küpsetage veel 10 minutit.

e) Puista peale Itaalia maitseaineid ja parmesani.

27. Ananassi kana pajaroog

KOOSTISOSAD:
- 2 tassi kuubikuteks lõigatud keedetud kana
- 1 purk (8 untsi) purustatud ananassi vedelikuga
- 1 tass hakitud sellerit
- 1 tass keedetud valget riisi
- 1 purk (10,75 untsi) seenesuppi, kondenseeritud
- 1 tass majoneesi
- 1 purk (6 untsi) viilutatud vesikastanit, nõrutatud
- 2 tassi riivsaia
- 1 spl võid või margariini, sulatatud

JUHISED:
a) Kuumuta ahi 350 kraadini.
b) Sega suures kausis kõik koostisosad peale riivsaia ja või.
c) Tõsta segu määritud 9x13-tollisele pannile.
d) Sega riivsai ja või; puista peale kanasegu.
e) Küpseta 30–45 minutit.

28. Edela-kana rullid

KOOSTISOSAD:
- 1 tass peeneks purustatud juustukreekerid
- 1 ümbrik taco maitseainet
- 4 kuni 6 kondita, nahata kanarinda
- 4 kuni 6 viilu Monterey Jacki juustu
- 4 untsi purki hakitud rohelisi tšillit

JUHISED:
a) Kuumuta ahi 350 kraadini.
b) Sega taldrikul kreekerid ja taco maitseaine. Tasandage kana liha pehmendajaga ja asetage igale kanatükile 1 viil juustu ja umbes 1 spl tšillit. Keera kana rulli ja kinnita hambatikuga.
c) Piserdage kana kreekeriseguga ja asetage võiga määritud 9x13-tollisele pannile.
d) Küpseta kaaneta 35–40 minutit või kuni kana on valmis.
e) Enne serveerimist ärge unustage hambaorke eemaldada.

29. Šveitsi kana

KOOSTISOSAD:
- 4 kuni 6 kondita, nahata kanarinda
- 4 kuni 6 viilu Šveitsi juustu
- 1 purk (10,75 untsi) seenesuppi, kondenseeritud
- ¼ tassi piima
- 1 karp (6 untsi) maitsestatud täidise segu
- ¼ tassi võid või margariini, sulatatud

JUHISED:
a) Kuumuta ahi 350 kraadini.
b) Asetage kana rasvaga määritud 9x13-tollise panni põhja. Aseta juustuviilud kana peale.
c) Sega kausis kokku supp ja piim. Tõsta supisegu kana peale.
d) Puista supikihile kuivtäidisegu ja nirista peale võid.
e) Katke ja küpsetage 55–65 minutit või kuni kana on valmis.

30. Kalkuni ja kartuli küpsetamine

KOOSTISOSAD:
- 2 tassi kuubikuteks lõigatud keedetud kalkunit
- 2 keskmist kartulit, kooritud ja õhukesteks viiludeks
- 1 keskmine sibul, viilutatud
- soola ja pipart, maitse järgi
- 1 purk (10,75 untsi) sellerisuppi, kondenseeritud
- ½ tassi kooritud piima

JUHISED:
a) Kuumuta ahi 350 kraadini.
b) Määrige määritud 8x8-tollisele pannile kiht kalkunit, kartulit ja sibulat. Puista peale soola ja pipraga.
c) Sega kausis supp ja piim. Vala kalkunile. Katke ja küpseta 1 tund.

31. Teriyaki kana

KOOSTISOSAD:
- 2 kondita, nahata kanarinda, kuubikuteks
- 1 purk (15 untsi) kanapuljongit
- 2 spl pruuni suhkrut
- 2 spl sojakastet
- ½ tl jahvatatud ingverit
- ½ tl Worcestershire'i kastet
- 1 tass keetmata valget riisi
- 1 purk (8 untsi) ananassitükid, nõrutatud

JUHISED:
a) Kuumuta ahi 350 kraadini.
b) Kombineerige kõik koostisosad suures kausis.
c) Tõsta segu määritud 9x13-tollisele pannile.
d) Katke ja küpseta 1 tund või kuni riis on valmis.

32. Metsik riis ja kana

KOOSTISOSAD:
- 6,2 untsi pikateraline ja metsik riis koos maitseainetega
- 1 ½ tassi vett
- 4 kondita, nahata kanarinda
- ½ tl kuivatatud basiilikut
- ½ tl küüslaugupulbrit

JUHISED:
a) Kuumuta ahi 375 kraadini.
b) Sega kausis riis, maitseainepakk ja vesi.
c) Valage segu määritud 9x13-tollisse pannile.
d) Aseta kana riisisegu peale ning puista üle basiiliku ja küüslaugupulbriga.
e) Katke ja küpseta 1 tund.

33. Basiiliku kana pajaroog

KOOSTISOSAD:
- 3 spl võid või margariini, sulatatud
- 3 tassi kartulit, kooritud ja õhukesteks viiludeks
- 1 pakk (16 untsi) külmutatud maisi
- 2 tl soola, jagatud
- 2 tl basiilikut, jagatud
- 1 tass Grahami kreekeripuru
- ⅓ tassi võid või margariini, sulatatud
- 4 kuni 6 kondita, nahata kanarinda

JUHISED:
a) Kuumuta ahi 375 kraadini.
b) Valage 9x13-tollise panni põhja 3 supilusikatäit sulatatud võid. Sega pannil kartul ja mais ning puista peale 1 tl soola ja 1 tl basiilikut.
c) Sega väikeses kausis kreekeripuru ning ülejäänud sool ja basiilik. Tõsta segu taldrikule. Kastke kana ⅓ tassi sulavõisse ja veeretage seejärel purusegus, kattes see täielikult. Asetage kana köögiviljadele.
d) Katke ja küpseta 60–75 minutit või kuni kana on valmis ja köögiviljad pehmed.
e) Eemaldage ahjust, avage kaas ja küpsetage kana pruunistamiseks veel 10 minutit.

34.Pärast tänupüha pajarooga

KOOSTISOSAD:
- 1 karp (6 untsi) maitsestatud täidise segu
- 3 tassi tükeldatud keedetud kalkunit
- 2 tassi kalkuni kastet, jagatud
- 2 tassi kartulipüree, maitsestatud küüslauguga

JUHISED:

a) Kuumuta ahi 350 kraadini.

b) Valmista täidis vastavalt pakendi juhistele. Tõsta täidis lusikaga määritud 2-liitrisesse ahjuvormi. Laota kalkun täidisele. Valage kalkunile 1 tass kastet. Laota peale ühtlaselt kartulipuder. Kata ülejäänud kastmega.

c) Katke ja küpsetage 35–45 minutit või kuni mullimiseni.

35.Türgi Tortilla pajaroog

KOOSTISOSAD:
- 3 tassi tükeldatud keedetud kalkunit
- 4 untsi purki hakitud rohelisi tšillit
- ¾ tassi kanapuljongit
- 2 purki (igaüks 10,75 untsi) koort kanasuppi, kondenseeritud
- 1 keskmine sibul, hakitud
- 8 kuni 10 keskmist gordita stiilis jahutortiljat
- 2 tassi riivitud Monterey Jacki juustu

JUHISED:
a) Kuumuta ahi 350 kraadini.
b) Segage suures kausis kalkun, tšillid, puljong, supp ja sibul. Kata rasvaga määritud 9x13-tollise panni põhi poolte tortilladega. Määri pool kalkuni segust tortillakihile. Puista peale pool juustust. Korda kihte.
c) Küpseta 25–30 minutit või kuni see on mullitav ja kuumenenud.

36. Turketti

KOOSTISOSAD:
- 1 purk (10,75 untsi) seenesuppi, kondenseeritud
- ½ tassi vett
- 2 tassi kuubikuteks lõigatud keedetud kalkunit
- 1⅓ tassi spagette, purustatud, keedetud ja nõrutatud
- ⅓ tassi hakitud rohelist paprikat
- ½ tassi hakitud sibulat
- ½ tl soola
- ¼ tl musta pipart
- 2 tassi riivitud Cheddari juustu, jagatud

JUHISED:
a) Kuumuta ahi 350 kraadini.
b) Segage suures kausis supp ja vesi. Segage ülejäänud koostisosad, välja arvatud 1 tass juustu. Määri segu määritud 9x13-tollisele pannile.
c) Puista peale ülejäänud juust. Küpseta 45 minutit.

37. Täidis ja kalkuni pajaroog

KOOSTISOSAD:
- 2 purki (igaüks 10,75 untsi) sellerisuppi, kondenseeritud
- 1 tass piima
- ½ tl musta pipart
- 1 kott (16 untsi) külmutatud köögivilju, sulatatud ja nõrutatud
- 2 ½ tassi kuubikuteks lõigatud keedetud kalkunit
- 1 karp (6 untsi) maitsestatud täidise segu
- Kuumuta ahi 400 kraadini.

JUHISED:
a) Sega kokku supp, piim, pipar, köögiviljad ja kalkun. Määri kalkunisegu määritud 9x13-tollisele pannile.

b) Valmista täidis vastavalt pakendi juhistele. Tõsta täidis ühtlaselt kalkunile.

c) Küpseta 25 minutit või kuni see on läbi kuumutatud.

38.Türgi Diivan

KOOSTISOSAD:
- 2 tassi kuubikuteks lõigatud keedetud kalkunit
- 1 pakk (10 untsi) külmutatud brokkoli ogasid, keedetud
- 1 purk (10,75 untsi) koort kanasuppi, kondenseeritud
- ½ tassi majoneesi
- ½ tl sidrunimahla
- ¼ teelusikatäit karripulbrit
- ½ tassi riivitud teravat Cheddari juustu

JUHISED:
a) Kuumuta ahi 350 kraadini.
b) Laota kalkun ja spargelkapsas määritud 9x13-tollisele pannile kihiti.
c) Sega kausis supp, majonees, sidrunimahl ja karripulber.
d) Vala kalkunile ja puista peale juust. Katke ja küpseta 40 minutit.

KÖÖGIVÕIVAD VÕRJUD

39. Spargli pajaroog

KOOSTISOSAD:
- 1 tass riivitud Cheddari juustu
- 2 tassi purustatud soolakreekereid
- ¼ tassi võid või margariini, sulatatud
- 10,75 untsi purki seenesupi, kondenseeritud
- 15 untsi purki spargli odad, nõrutatud reserveeritud vedelikuga
- ½ tassi viilutatud mandleid

JUHISED:
a) Kuumuta ahi 350 kraadini.
b) Sega kausis juust ja kreekeripuru. Kõrvale panema.
c) Sega eraldi kausis kokku või, supp ja sparglipurgi vedelik. Laota pool kreekerisegust 8x8-tollise panni põhja. Laota pooled spargliotstest ülevalt.
d) Lao sparglile pool viilutatud mandleid ja pool supisegust.
e) Laota peale ülejäänud sparglioad, mandlid ja supisegu. Kata ülejäänud kreekeriseguga.
f) Küpseta 20–25 minutit või kuni see on mullitav ja kuldpruun.

40. Turske köögiviljapajaroog

KOOSTISOSAD:
- 2 tassi vett
- 1 tass keetmata valget riisi
- 1 kott (16 untsi) külmutatud brokoli õisikud
- 1 kott (16 untsi) külmutatud lillkapsa õisikuid
- ⅓ tassi vett
- 1 keskmine sibul, hakitud
- ⅓ tassi võid või margariini
- 1 purk (16 untsi) Cheez Whiz
- 1 purk (10,75 untsi) koort kanasuppi, kondenseeritud
- ⅔ tassi piima

JUHISED:

a) Kuumuta potis 2 tassi vett ja riis keemiseni. Vähendage kuumust. Kata kaanega ja hauta 15 minutit või kuni vesi on imendunud.

b) Kuumutage brokolit ja lillkapsast kausis mikrolaineahjus kõrgel kuumusel ⅓ tassi veega 8 minutit või kuni valmis. Nõruta köögiviljad.

c) Kuumuta ahi 350 kraadini.

d) Prae pannil võis sibul. Sega keedetud riis sibula hulka. Määri riisisegu määritud 9x13-tollisele pannile.

e) Sega köögiviljad, juustukaste, supp ja piim riisisegusse.

f) Küpseta 30–35 minutit või kuni kihisemiseni.

41.Mozzarella kartuli pajaroog

KOOSTISOSAD:
- 4 keskmist kartulit, kooritud
- 4 roma tomatit, viilutatud
- 1 suur roheline paprika, seemnetest puhastatud ja ribadeks lõigatud
- soola ja pipart, maitse järgi
- 1 tl Itaalia maitseainet
- 2 tassi riivitud mozzarella juustu
- 1 tass hapukoort

JUHISED:
a) Kuumuta ahi 400 kraadini.
b) Keeda potis kartuleid 25–30 minutit, kuni need on osaliselt keedetud, seejärel viiluta õhukeselt. Laota pooled kartuli-, tomati- ja paprikaribadest võiga määritud 9x9-tollisele pannile.
c) Maitsesta soola ja pipraga. Puista pool Itaalia maitseainet ja mozzarella juustu köögiviljadele. Korrake kihte ülejäänud kartulite, tomatite ja paprikaga.
d) Puista ülejäänud maitseaine ja juust köögiviljadele, seejärel määri peale hapukoor.
e) Katke ja küpsetage 30–40 minutit või kuni mullimiseni.

42.Kreemjas spinati pajaroog

KOOSTISOSAD:
- 2 pakki (igaüks 10 untsi) külmutatud tükeldatud spinatit
- 1 ümbrik sibulasupi segu
- 1 konteiner (16 untsi) hapukoort
- ¾ tassi riivitud Cheddari juustu

JUHISED:
a) Kuumuta ahi 350 kraadini.
b) Keeda spinat vastavalt pakendi juhistele ja nõruta. Asetage rasvainega määritud 1,5–2-liitrisesse küpsetusnõusse.
c) Sega juurde sibulasupisegu ja hapukoor.
d) Puista peale juust. Küpseta 20–25 minutit või kuni kihisemiseni.

43. Mehhiko pizza pajaroog

KOOSTISOSAD:
- 1 toru (13,8 untsi) jahutatud pitsakooriku tainas
- 1 purk (16 untsi) praetud ube
- ¾ tassi rammusat salsat
- 1 ümbrik taco maitseainet
- 1 ½ tassi riivitud Mehhiko juustu
- 1 kott (10 untsi) hakitud salatit
- 2 roma tomatit, tükeldatud
- 1 ½ tassi purustatud nacho juustu tortilla laastud

JUHISED:
a) Kuumuta ahi 400 kraadini.
b) Katke määritud 9x13-tollise panni põhi ja küljed pitsataignaga. Küpseta 10–12 minutit või kuni helekuldpruunini.
c) Kuumuta potis fritüüritud oad ja salsa koos kihisemiseni. Sega friteeritud ubade segusse taco maitseaine. Määri küpsetatud ubade segu küpsetatud koorikule.
d) Puista juust ubade peale ja küpseta 5–8 minutit või kuni juust on sulanud.
e) Aseta peale salat, tomatid ja purustatud tortillakrõpsud ning serveeri kohe.

44. Magus sibula pajaroog

KOOSTISOSAD:
- 6 suurt magusat sibulat, õhukeselt viilutatud
- 6 spl võid või margariini, jagatud
- konserveeritud sellerisupp (10,75 untsi).
- ⅓ tassi piima
- ½ tl musta pipart
- 2 tassi riivitud Šveitsi juustu, jagatud
- 6 viilu prantsuse leiba, lõigatud 1 tolli paksuseks

JUHISED:
a) Prae sibulaid suurel pannil 4 spl võis 11–13 minutit või kuni sibul on pehme.
b) Segage suures kausis supp, piim, pipar ja 1 ½ tassi juustu.
c) Kuumuta ahi 350 kraadini. Sega sibulad supisegusse. Laota segu määritud 9x13-tollisele pannile. Puista peale ülejäänud juust.
d) Sulata ülejäänud või ja pintselda sellega iga leivaviilu üks külg. Asetage saiaviilud, võine pool üleval, pannile, tehes kolm rida.
e) Küpseta 24–28 minutit. Enne serveerimist jahuta 5–7 minutit.

45. Taimne lambakoera pirukas

KOOSTISOSAD:
- 1 kott (16 untsi) külmutatud California segu köögivilju
- 1 purk (10,75 untsi) cheddari juustusupp, kondenseeritud
- ½ tl tüümiani
- 2 tassi kartulipüree, maitsestatud küüslauguga

JUHISED:
a) Kuumuta ahi 350 kraadini.
b) Segage määritud 9x9-tollisel pannil külmutatud köögiviljad, supp ja tüümian. Laota kartulid ühtlaselt köögiviljakihile. Katke ja küpseta 25 minutit.
c) Avage kaas ja küpsetage veel 15–20 minutit või kuni see on läbi kuumenenud.

46. Köögiviljatäidisega pajaroog

KOOSTISOSAD:
- 1 kott (16 untsi) külmutatud rohelisi ube
- 1 kott (16 untsi) külmutatud köögivilju
- 2 purki (10,75 untsi) kooresuppi, kondenseeritud
- 1 purk (6 untsi) praetud sibul
- 1 karp (6 untsi) maitsestatud täidise segu
- 3 spl võid või margariini, sulatatud
- ¼ tassi vett

JUHISED:
a) Kuumuta ahi 350 kraadini.
b) Valage külmutatud köögiviljad võiga määritud 9x13-tollise panni põhja.
c) Sega supp köögiviljadesse.
d) Puista peale sibul ja täidisesegu ühtlaselt.
e) Nirista täidisekihile sulavõi ja vesi.
f) Katke ja küpsetage 55–65 minutit või kuni see on läbi kuumenenud.

47.Küpsetatud juustune suvikõrvits

KOOSTISOSAD:
- 1 keskmine suvikõrvits, õhukesteks viiludeks
- 1 magus sibul, õhukeselt viilutatud
- 2 Roma tomatit, õhukeselt viilutatud
- 2 spl võid või margariini, sulatatud
- ¾ tassi Itaalia maitsega riivsaia
- 1 tass riivitud mozzarella juustu

JUHISED:
a) Kuumuta ahi 350 kraadini.
b) Määri 9x9-tollisele pannile kihiti suvikõrvits, sibul ja tomatid.
c) Nirista köögiviljadele võid. Puista peale riivsaia.
d) Kata ja küpseta 45–50 minutit või kuni köögiviljad on pehmed. Eemaldage ahjust, avage kaas ja puistage juustuga.
e) Küpseta veel 5–7 minutit või kuni juust on mullitav.

KAUNVILJA- JA UBADE PAJAROAD

48. Virnastatud musta oa tortillapirukas

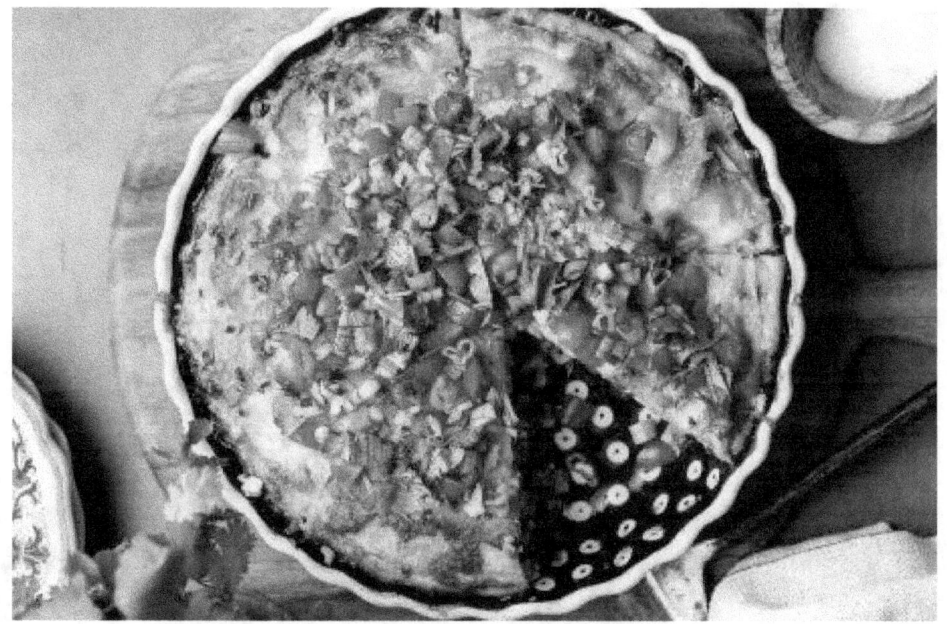

KOOSTISOSAD:
- 1 purk (16 untsi) praetud ube
- 1 tass salsat, jagatud
- 1 tl hakitud küüslauku
- 1 supilusikatäis kuivatatud koriandrit
- 1 purk (15 untsi) musti ube, loputatud ja nõrutatud
- 1 keskmine tomat, tükeldatud
- 7 keskmise jahuga tortillat
- 2 tassi riivitud cheddari juustu

JUHISED:
a) Kuumuta ahi 400 kraadini.
b) Sega kausis praeoad, ¾ tassi salsat ja küüslauk.
c) Segage eraldi kausis ülejäänud salsa, koriander, mustad oad ja tomat.
d) Aseta tortilla võiga määritud pirukavormi põhja. Määri neljandik külmutatud ubade segust tortillale ½ tolli servast.
e) Puista ¼ tassi juustu ubade peale ja kata teise tortillaga. Tõsta kolmandik musta oa segust tortilla peale.
f) Puista ¼ tassi juustu mustade ubade segule ja kata teise tortillaga.
g) Korrake kihte, lõpetades viimase kihiga praetud ubade segu, mis on jaotatud viimasele tortillale. Puista peale ½ tassi juustu. Kata ja küpseta 35–40 minutit.
h) Serveeri üksikuid pirukatükke salsa ja hapukoorega.

49. Roheliste ubade pajaroog

KOOSTISOSAD:

- 2 purki (igaüks 14,5 untsi) Prantsuse tükeldatud rohelisi ube, nõrutatud
- 1 purk (10,75 untsi) seenesuppi, kondenseeritud
- ⅔ tassi piima
- ⅓ tassi tõelist peekonitükke
- ¼ tl musta pipart
- 1 ¼ tassi praetud sibulat, jagatud

JUHISED:

a) Kuumuta ahi 350 kraadini.
b) Sega kõik koostisosad, välja arvatud sibul, määritud 1,5–2-liitrises ahjuvormis. Segage ½ tassi sibulat. Küpseta kaaneta 30 minutit või kuni mullimiseni.
c) Puista peale ülejäänud sibul ja küpseta veel 5 minutit.

50.Indiana maisisõbra pajaroog

KOOSTISOSAD:
- 2 muna, kergelt lahtiklopitud
- 1 purk (14,75 untsi) kreemjas maisi
- 12-untsine purk terve maisi tuuma, nõrutatud
- ¾ tassi hapukoort
- 3 spl võid või margariini, sulatatud
- 1 ½ tassi riivitud Cheddari juustu
- 1 keskmine sibul, hakitud
- 4 untsi purki tükeldatud rohelist tšillit, nõrutatud
- 1 pakk (6,5 untsi) maisimuffinisegu

JUHISED:
a) Kuumuta ahi 350 kraadini.
b) Segage suures kausis munad, mais, hapukoor, või, juust, sibul ja tšillid. Sega õrnalt maisimuffinisegusse, kuni see on niisutatud. Laota segu võiga määritud 2-liitrisesse ahjuvormi.
c) Küpseta 60–70 minutit või kuni pealt ja keskosa on kuldpruunid.

51. Hominy pajaroog

KOOSTISOSAD:
- 1 keskmine sibul, hakitud
- 1 suur roheline paprika, seemnetest puhastatud ja kuubikuteks lõigatud
- ½ tassi võid või margariini
- 15,5-untsine purk valge hominy, nõrutatud
- 15,5-untsine purk kollane hominy, nõrutatud
- 12-untsine purk terve maisi tuuma, nõrutatud
- 4 untsi purki viilutatud seeni, nõrutatud
- ¼ tassi riivitud parmesani juustu
- 1 tass Cheez Whiz
- ¼ tassi kuubikuteks lõigatud pimiento, nõrutatud

JUHISED:
a) Kuumuta ahi 350 kraadini.
b) Prae pannil võis sibul ja paprika pehmeks. Sega ülejäänud koostisosad sibula segusse. Laota rasvaga määritud 8x8-tollisele pannile.
c) Küpseta 30–35 minutit või kuni kihisemiseni.

RIISI- JA NUUDLIPAJAROAD

52. Nuudlipudingi pajaroog

KOOSTISOSAD:
- 16 tassi vett
- 7 ½ tassi kuivi laiu munanuudleid
- 8 untsi toorjuustu, pehmendatud
- 6 spl. soolata või, pehmendatud
- 1 tass granuleeritud suhkrut
- 3 muna
- 1 tass täispiima
- 1 tass aprikoosinektarit
- 1 kl maisihelbepuru
- 6 spl. sulatatud soolata või
- ½ tl jahvatatud kaneeli

JUHISED:
a) Suures kastrulis keskmisel kuumusel lisage vesi. Kui vesi keeb, sega hulka munanuudlid. Küpseta 6 minutit või kuni nuudlid on pehmed. Tõsta pann tulelt ja nõruta pannilt kogu vesi.

b) Lisage suurde kaussi toorjuust, pehme või ja ½ tassi granuleeritud suhkrut. Vahusta keskmisel kiirusel segistiga ühtlaseks ja kreemjaks. Lisa kaussi munad. Sega kuni segunemiseni.

c) Lisa piim ja aprikoosinektar. Segage ainult kuni segunemiseni. Lisa nuudlitele ja sega, kuni nuudlid on kreemiga kaetud.

d) Kuumuta ahi 350°-ni. Pihustage 9 x 13 ahjupanni mittenakkuva küpsetusspreiga. Lisage väikesesse kaussi maisihelbepuru, ½ tassi granuleeritud suhkrut, sulatatud või ja kaneel. Sega kuni segunemiseni. Laota nuudlid ahjupannile.

e) Puista peale maisihelbed.

f) Küpseta 25 minutit või kuni pajaroog on keskel kuum ja mullitav. Võta ahjust välja ja serveeri.

53. Tursapasta pajaroog

KOOSTISOSAD:
- 14 tassi vett
- 1 tl sidrunipipra maitseainet
- 1 loorberileht
- 2 naela tursafileed, lõigatud 1-tollisteks tükkideks
- 1 tass kuiva väikese koorega pastat
- 1 punane paprika, tükeldatud
- 1 roheline paprika, tükeldatud
- 1 tass hakitud sibulat
- 1 spl. soolata või
- 3 spl. universaalne jahu
- 2 ½ tassi aurutatud piima
- ¾ teelusikatäit soola
- ½ tl kuivatatud tüümiani
- ¼ tl musta pipart
- 1 tass hakitud Mehhiko juustu segu

JUHISED:

a) Lisage suurele pannile keskmisel kuumusel 6 tassi vett, sidrunipipra maitseaine ja loorberileht. Kuumuta keemiseni ja lisa tursk. Asetage pannile kaas. Hauta 5-6 minutit või kuni kala helbed ja on pehmed. Eemaldage tulelt ja tühjendage kogu vesi pannilt. Eemaldage loorberileht ja visake ära.

b) Lisage keskmisel kuumusel pannile 8 tassi vett. Kui vesi keeb, sega hulka koorega pasta. Keeda 6 minutit või kuni pasta on pehme. Tõsta pliidilt ja kurna pastast kogu vesi.

c) Lisa keskmisel kuumusel pannile punane paprika, roheline paprika,

d) sibul ja või. Prae 5 minutit või kuni köögiviljad on pehmed. Lisa pannile universaalne jahu. Sega pidevalt ja küpseta 1 minut. Pidevalt segades lisa aeglaselt aurustunud piim. Jätkake segamist ja küpseta 2 minutit või kuni kaste pakseneb.

e) Lisa pannile sool, tüümian, must pipar ja Mehhiko juustu segu. Sega, kuni segu on segunenud ja juust sulab. Tõsta pann tulelt.

f) Lisa kastmele pasta ja kala. Segage õrnalt, kuni segu on ühendatud. Kuumuta ahi 350°-ni. Pihustage 2-liitrist ahjuvormi mittenakkuva küpsetusspreiga. Tõsta pajaroog lusikaga ahjuvormi. Kata nõu kaane või alumiiniumfooliumiga.

g) Küpseta 25 minutit või kuni pajaroog on kuum ja mullitav. Võta ahjust välja ja serveeri.

54. Türgi nuudli pajaroog

KOOSTISOSAD:

- 1 kott (12 untsi) munanuudlid
- 1 purk (10,75 untsi) sellerisuppi, kondenseeritud
- ½ tassi piima
- 1 purk (5 untsi) kalkuniliha, nõrutatud
- 2 tassi riivitud cheddari juustu
- ½ tassi purustatud kartulikrõpse

JUHISED:

a) Kuumuta ahi 400 kraadini.

b) Keeda nuudlid vastavalt pakendi juhistele ja nõruta. Segage supp, piim, kalkun ja juust kuumadesse nuudlitesse.

c) Määri nuudlisegu võiga määritud 2-liitrisesse ahjuvormi.

d) Küpseta 15 minutit. Tõsta peale purustatud kartulikrõpsud ja küpseta veel 3–5 minutit.

55. Mereandide pasta pajaroog

KOOSTISOSAD:
- ¼ tassi oliiviõli
- 1 nael värsket sparglit, kärbitud ja 1-tollisteks tükkideks lõigatud
- 1 tass hakitud rohelist sibulat
- 1 spl. purustatud küüslauk
- 16 untsi pkg. linguine nuudlid, keedetud ja nõrutatud
- 1 nael keskmise suurusega krevette, keedetud, kooritud ja tükeldatud
- 8 untsi krabiliha, keedetud
- 8 untsi imitatsioon või värske homaar, keedetud
- 8 untsi mustade oliivide purki, nõrutatud

JUHISED:

a) Kuumuta ahi 350°-ni. Pihustage 4-liitrine pajaroog mittenakkuva küpsetusspreiga. Lisa keskmisel kuumusel pannil oliiviõli.

b) Kui õli on kuum, lisa spargel, roheline sibul ja küüslauk. Hauta 5 minutit.

c) Tõsta pann tulelt ning lisa pajavormile köögiviljad ja oliiviõli.

d) Lisa pajaroale linguine nuudlid, krabi, homaar ja mustad oliivid.

e) Viska kuni segunemiseni. Küpseta 30 minutit või kuni pajaroog on kuum.

f) Võta ahjust välja ja serveeri.

56.Riisi ja rohelise Tšiili pajaroog

KOOSTISOSAD:
- 1 karp (6 untsi) pikateraline ja metsiku riisi segu
- 1 tass hapukoort
- 4 untsi purki tükeldatud rohelist tšillit, nõrutatud
- 1 tass riivitud Cheddari juustu
- 1 tass riivitud Monterey Jacki juustu

JUHISED:
a) Valmistage riis vastavalt pakendi juhistele.
b) Kuumuta ahi 350 kraadini.
c) Sega kausis kokku hapukoor ja rohelised tšillid. Laota pool keedetud riisist rasvaga määritud 8x8-tollise panni põhjale. Tõsta pool hapukooresegust riisi peale. Puista peale pool igast juustust.
d) Tõsta ülejäänud riis juustu peale. Määri ülejäänud hapukooresegu riisile ja puista peale ülejäänud juust.
e) Küpsetage ilma kaaneta 15–20 minutit või kuni kihisemiseni.

57. Kala- ja juustupasta pajaroog

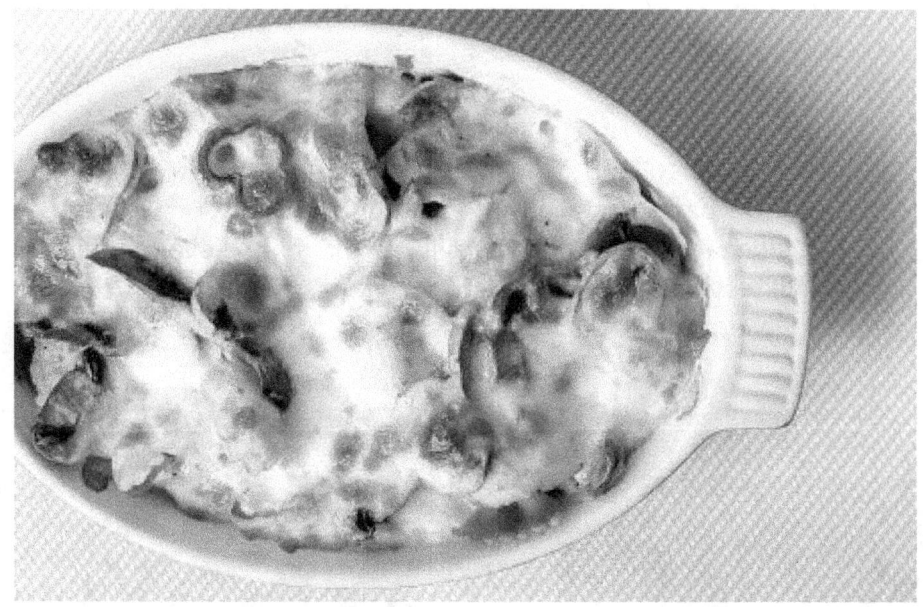

KOOSTISOSAD:
- 16 untsi lokkis pasta, keedetud ja nõrutatud
- 1 purk (16 untsi) Ragu topelt-cheddari kaste
- 5 külmutatud taignast kalafileed

JUHISED:
a) Kuumuta ahi 375 kraadini.
b) Keeda pasta vastavalt pakendi juhistele ja nõruta. Asetage pasta rasvainega määritud 9x13-tollisele pannile. Sega cheddari kaste nuudlitesse. Aseta kala üleval.
c) Küpseta, kaaneta, 30 minutit.

58. Rotini küpsetamine

KOOSTISOSAD:
- 12 untsi keetmata lokkis rotini või väikese toruga pasta
- 1 nael veisehakkliha
- 1 purk (26 untsi) spagetikaste
- 2 muna, kergelt lahtiklopitud
- 1 karp (16 untsi) kodujuustu
- 2 tassi riivitud mozzarella juustu, jagatud
- ½ tassi riivitud parmesani juustu

JUHISED:

a) Kuumuta ahi 350 kraadini.

b) Keeda nuudlid vastavalt pakendi juhistele ja nõruta.

c) Pruunista ja nõruta veiseliha pannil, kuni nuudlid küpsevad. Sega spagettikaste veiseliha hulka.

d) Segage suures kausis munad, kodujuust, 1 tass mozzarella juustu ja parmesani juust. Sega keedetud pasta õrnalt juustusegu hulka. Määri kolmandik veiselihasegust määritud 9x13-tollise panni põhjale. Aseta pool pasta segust veiseliha peale.

e) Laota nuudlitele veel kolmandik veiselihasegust. Laota peale ülejäänud nuudlid ja seejärel ülejäänud veiselihasegu.

f) Katke ja küpseta 40 minutit. Katke ja puista peale ülejäänud mozzarella juust. Pange tagasi ahju ja küpsetage veel 5–10 minutit või kuni juust on sulanud.

59. Cheddari singi nuudli pajaroog

KOOSTISOSAD:
- 1 kott (12 untsi) munanuudlid
- ¼ tassi kuubikuteks lõigatud rohelist paprikat
- ½ keskmist sibulat
- 1 spl oliiviõli
- 1 purk (10,75 untsi) seenesuppi, kondenseeritud
- ⅔ tassi piima
- 1 ½ tassi kuubikuteks lõigatud täielikult keedetud sinki
- 2 tassi riivitud cheddari juustu

JUHISED:
a) Kuumuta ahi 400 kraadini.
b) Keeda nuudlid vastavalt pakendi juhistele ja nõruta.
c) Prae pannil oliiviõlis paprikat ja sibulat, kuni sibul on läbipaistev.
Segage supp, piim, sink, köögiviljad ja juust soojadesse nuudlitesse.
d) Määri nuudlisegu võiga määritud 2-liitrisesse ahjuvormi.
e) Küpseta 15 minutit või kuni see on läbi kuumutatud.

60.Itaalia makaronide küpsetamine

KOOSTISOSAD:
- 8 untsi keetmata küünarnuki makaronid
- 1 nael veisehakkliha, pruunistatud ja nõrutatud
- soola ja pipart, maitse järgi
- 1 purk (14 untsi) pitsakaste
- 4 untsi purki viilutatud seeni
- 2 tassi riivitud mozzarella juustu

JUHISED:
a) Kuumuta ahi 350 kraadini.
b) Keeda makaronid vastavalt pakendi juhistele ja nõruta.
c) Maitsesta keedetud veiseliha soola ja pipraga. Asetage pool makaronidest võiga määritud 2-liitrise ahjuvormi põhja.
d) Laota pooled veiselihast, pitsakastmest, seentest ja juustust. Aseta peale ülejäänud makaronid ja korda kihte.
e) Katke ja küpseta 20 minutit.
f) Avage kaas ja küpsetage veel 5–10 minutit või kuni juust on sulanud.

61. Alfredo küpsetatud ravioolid

KOOSTISOSAD:
- 1 kott (25 untsi) külmutatud Itaalia vorstiravioolid
- 1 kott (16 untsi) külmutatud brokoli õisikud
- 1 purk (16 untsi) Alfredo kaste
- ¾ tassi piima
- ¼ tassi maitsestatud riivsaia

JUHISED:
a) Kuumuta ahi 350 kraadini.
b) Asetage külmutatud ravioolid määritud 9x13-tollise panni põhja. Määri brokkoli ravioolidele. Vala brokoli peale Alfredo kaste. Nirista pealt ühtlaselt piima.
c) Katke ja küpseta 50 minutit. Tee lahti ja puista peale riivsaia.
d) Küpseta kaaneta veel 10 minutit või kuni see on läbi kuumutatud.

SEALIHAPAJAROAD

62. Vorsti spageti pajaroog

KOOSTISOSAD:
- 1 nael vorsti
- 1 keskmine sibul, hakitud
- 1 purk (26 untsi) spagetikaste
- ½ tassi vett
- 1 pakk (16 untsi) spagetinuudleid, keedetud ja nõrutatud
- ¼ tassi võid või margariini, sulatatud
- 3 muna, lahtiklopitud
- ½ tassi riivitud parmesani juustu
- 2 tassi riivitud mozzarella juustu, jagatud
- 1 konteiner (16 untsi) kodujuustu

JUHISED:
a) Kuumuta ahi 350 kraadini.
b) Pruunista pannil vorst ja sibul kokku ning kurna üleliigne rasv. Sega vorstisegusse spagettikaste ja vesi. Lase kastmel tasasel tulel 5 minutit podiseda.
c) Sega kausis keedetud spagetid, või, munad, parmesan ja pool mozzarella juustust. Määri nuudlisegu võiga määritud 9x13-tollisele pannile.
d) Määri kodujuust ühtlaselt nuudlitele.
e) Määri peale spagetikastme segu ühtlaselt. Puista ülejäänud juust kastme peale.
f) Katke ja küpseta 25 minutit.
g) Avage kaas ja küpsetage veel 10–15 minutit.

63. Kanada peekonipitsa küpsetamine

KOOSTISOSAD:
- 2 tuubi (igaüks 7,5 untsi) jahutatud petipiimaküpsiseid
- 1 purk (14 untsi) pitsakaste
- 1 tass riivitud Itaalia juustu
- 15 kuni 20 viilu Kanada peekonit
- 1 ½ tassi riivitud mozzarella juustu, jagatud

JUHISED:
a) Kuumuta ahi 375 kraadini.
b) Eralda küpsised ja lõika igaüks 4 tükiks. Asetage suurde kaussi ja raputage pitsakastme ja Itaalia juustuga. Asetage küpsisegu võiga määritud 9x13-tollisele pannile.
c) Aseta Kanada peekoniviilud ühtlaselt peale.
d) Puista peale mozzarella juust.
e) Küpseta 20–25 minutit või kuni küpsised on valmis.

64. Brokkoli ja singipott

KOOSTISOSAD:
- 1 pakk (10 untsi) külmutatud hakitud brokkoli, sulatatud
- 1 purk (15 untsi) täistera maisi, nõrutatud
- 1 purk (10,75 untsi) seenesuppi, kondenseeritud
- 2 tassi hakitud täielikult keedetud sinki
- 1 ½ tassi riivitud Cheddari juustu
- ¾ tassi hapukoort
- ½ tl musta pipart
- 1 jahutatud pirukakoorik

JUHISED:
a) Kuumuta ahi 425 kraadini.
b) Laota brokkoli kergelt määritud ja mikrolaineahjus kasutatava 10-tollise sügavvormi pirukapanni või 1,5-liitrise ümmarguse vormi põhja.
c) Sega kausis mais, supp, sink, juust, hapukoor ja pipar. Lusikaga segu brokoli peale. Kata paberrätikuga ja küpseta mikrolaineahjus kõrgel kuumusel 3–4 ½ minutit või kuni kuumus on kuum.
d) Aseta lahtivolditud pirukakoor singisegu peale ja suru servad panni sisse. Lõika koorikusse neli 1-tollist pilu, et aur küpsetamise ajal välja pääseks. Asetage pann küpsetusplaadi peale.
e) Küpseta 15 minutit või kuni koor muutub kuldpruuniks.

65. Chicago stiilis pizza pajaroog

KOOSTISOSAD:
- 2 toru (igaüks 13,8 untsi) jahutatud pitsakoore tainas
- 2 tassi traditsioonilist spagetikastet, jagatud
- 1 kilo vorsti, pruunistatud ja nõrutatud
- ½ keskmist sibulat, hakitud
- 2 tassi riivitud mozzarella juustu, jagatud

JUHISED:
a) Kuumuta ahi 375 kraadini.
b) Määri 1 koorik kergelt määritud 9x13-tollise panni põhja ja külgedele. Määri 1–½ tassi kastet koorikule. Määri keeduvorst ja sibul kastme peale. Puista vorstikihile 1-½ tassi juustu.
c) Aseta peale ülejäänud pitsakoor ning näpista tainas alumisest ja ülemisest koorest kokku. Lõika pealmisesse koorikusse 1-tollised pilud. Määri peale ülejäänud kaste ja juust ettevaatlikult.
d) Küpseta 30 minutit või kuni koorik on kuldpruun ja keskelt valminud.

66. Maa brokkoli, juust ja sink

KOOSTISOSAD:
- 1 pakk (10 untsi) külmutatud brokkolit
- 1 tass kuubikuteks lõigatud täielikult keedetud sinki
- 1 purk (10,75 untsi) cheddari juustusupp, kondenseeritud
- ½ tassi hapukoort
- 2 tassi riivsaia
- 1 spl võid või margariini, sulatatud

JUHISED:
a) Kuumuta ahi 350 kraadini.
b) Keeda brokkoli vastavalt pakendi juhistele. Sega suures kausis kõik koostisosad peale riivsaia ja või. Tõsta segu määritud 9x13-tollisele pannile. Sega riivsai ja või ning puista seejärel segule. Küpseta 30–35 minutit.

67. Šveitsi juustu sealihakotletid

KOOSTISOSAD:
- 6 sealiha karbonaad
- 1 spl võid või margariini
- 12 värsket loorberilehte
- 6 viilu sinki
- 2 spl hakitud värsket salvei
- 1 tass riivitud Šveitsi juustu

JUHISED:
a) Kuumuta ahi 375 kraadini.
b) Pruunista sealihatükid võis pannil 2–3 minutit mõlemalt poolt. Tõsta paberrätikutega kaetud taldrikule nõrguma.
c) Määrige määritud 9x13-tollisele pannile sealihakarbonaad, loorberilehed, sink, salvei ja juust.
d) Katke ja küpseta 25 minutit.

68.Hash Pruun taevas

KOOSTISOSAD:
- 4 tassi külmutatud hakitud räsipruune, sulatatud
- 1 nael peekonit, keedetud ja murendatud
- ⅔ tassi piima
- ½ tassi hakitud sibulat
- ½ tl soola
- ¼ tl musta pipart
- ⅛ teelusikatäis küüslaugupulbrit (valikuline)
- 2 spl võid või margariini, sulatatud

JUHISED:
a) Kuumuta ahi 350 kraadini.
b) Kombineerige kõik koostisosad suures kausis.
c) Tõsta õliga määritud 8x8-tollisele pannile.
d) Küpseta 45 minutit.

69. Jambalaya

KOOSTISOSAD:
- ½ tassi võid või margariini
- 1 suur sibul, hakitud
- 1 suur roheline paprika, tükeldatud
- ½ tassi kuubikuteks lõigatud sellerit
- 1 spl hakitud küüslauku
- 1 nael täielikult keedetud suitsuvorstilinke, viilutatud
- 3 tassi kanapuljongit
- 2 tassi keetmata valget riisi
- 1 tass hakitud tomateid
- ½ tassi hakitud rohelist sibulat
- 1-½ supilusikatäit peterselli
- 1 spl Worcestershire'i kastet
- 1 spl Tabasco kastet

JUHISED:
a) Kuumuta ahi 375 kraadini.
b) Sulata pannil või. Prae sibul, paprika, seller ja küüslauk võis pehmeks.
c) Segage suures kausis vorst, puljong, riis, tomatid, roheline sibul, petersell, Worcestershire'i kaste ja Tabasco kaste. Sega praetud köögiviljad vorstisegusse.
d) Laota rasvaga määritud 9x13-tollisele pannile.
e) Katke ja küpseta 20 minutit. Segage, katke ja küpseta veel 20 minutit.
f) Segage, katke ja küpseta viimased 5–10 minutit või kuni riis on valmis.

70. Apelsini riis ja sealihakotletid

KOOSTISOSAD:
- 6 sealiha karbonaad
- soola ja pipart, maitse järgi
- 1⅓ tassi keetmata valget riisi
- 1 tass apelsinimahla
- 1 purk (10,75 untsi) kana-riisisupp, kondenseeritud

JUHISED:

a) Kuumuta ahi 350 kraadini.

b) Pruunista sealihatükid pannil 2 minutit mõlemalt poolt ning maitsesta soola ja pipraga. Kõrvale panema.

c) Segage määritud 9x13-tollises pannil riis ja apelsinimahl.

d) Aseta sealihakotletid riisi peale. Vala supp peale. Katke ja küpseta 45 minutit.

e) Katke ja küpseta veel 10 minutit või kuni see on valmis.

71. Vorsti Pepperoni pajaroog

KOOSTISOSAD:
- 1 nael vorsti
- 1 keskmine sibul, hakitud
- 1 pakk (3,5 untsi) viilutatud pepperoni
- 1 purk (14 untsi) pitsakaste
- 1 ¼ tassi riivitud mozzarella juustu
- 1 tass küpsisegu
- 1 tass piima
- 2 muna, kergelt lahtiklopitud

JUHISED:
a) Kuumuta ahi 400 kraadini.
b) Pruunista vorst ja sibul koos pannil, kuni vorst on valmis. Tühjendage liigne rasv ja segage seejärel pepperoni. Määri lihasegu võiga määritud 8x8-tollisele pannile. Vala kaste ühtlaselt lihale. Puista juust kastme peale.
c) Sega eraldi kausis biskviitsegu, piim ja munad omavahel. Vala tainas ühtlaselt lihasegule ja kastmele.
d) Küpseta kaaneta 25 minutit või kuni kuldpruunini.

VEISELIHAPAUJ

72. Veiseliha Potpie

KOOSTISOSAD:

- 1 kilo lahja veiseliha hautis, keedetud
- 1 pakk (16 untsi) külmutatud köögiviljasegu, sulatatud
- 1 purk (12 untsi) seenekaste
- ½ tl tüümiani
- 1 tuub (8 untsi) jahutatud poolkuu rullid

JUHISED:

a) Kuumuta ahi 375 kraadini.
b) Sega kõik koostisosad, välja arvatud rullid, määritud 9x13-tollisel pannil.
c) Küpseta 20 minutit.
d) Eemaldage ahjust ja asetage sellele lamendatud tainas.
e) Pange tagasi ahju ja küpsetage 17–19 minutit või kuni koorik on kuldpruun.

73. Maisileib tšillil

KOOSTISOSAD:
- 1 keskmine sibul, hakitud
- 1 spl võid või margariini
- 2 purki (igaüks 15 untsi) tšillit liha ja ubadega
- 1 purk (11 untsi) Mehhiko stiilis maisi, nõrutatud
- 1 tass riivitud Cheddari juustu
- 1 pakk maisileiva segu (8x8-tolline panni suurus)

JUHISED:
a) Kuumuta ahi 425 kraadini.
b) Prae pannil võis sibulat, kuni sibul on pehme. Sega juurde tšilli ja mais. Määri tšillisegu võiga määritud 9x13-tollisele pannile. Puista peale juust.
c) Sega kausis maisileiva segu vastavalt pakendi juhistele. Vala tainas ühtlaselt tšillisegule.
d) Küpseta 25 minutit või kuni maisileib on kuldpruun ja asetatud keskele.

74. Enchilada pajaroog

KOOSTISOSAD:
- 1 nael veisehakkliha, pruunistatud ja nõrutatud
- 1 purk (15 untsi) tšillit, mis tahes sorti
- 1 purk (8 untsi) tomatikastet
- 1 purk (10 untsi) enchilada kastet
- 1 kott (10 untsi) Fritos maisikrõpsud, jagatud
- 1 tass hapukoort
- 1 tass riivitud Cheddari juustu

JUHISED:
a) Kuumuta ahi 350 kraadini.
b) Segage suures kausis keedetud veiseliha, tšilli, tomatikaste ja enchilada kaste. Sega kaks kolmandikku laastudest. Laota segu võiga määritud 2-liitrisesse ahjuvormi.
c) Küpseta kaaneta 24–28 minutit või kuni see on läbi kuumenenud.
d) Määri peale hapukoor. Puista juust hapukoorele. Purusta ülejäänud laastud ja puista peale.
e) Küpseta veel 5–8 minutit või kuni juust on sulanud.

75. Toorjuust Enchiladas

KOOSTISOSAD:
- 1 nael veisehakkliha, pruunistatud ja nõrutatud
- ½ tassi hakitud sibulat
- 2 purki (igaüks 8 untsi) tomatikastet
- ¼ tassi vett
- 1 ½ tl tšillipulbrit
- ½ tl musta pipart
- 1 pakk (8 untsi) toorjuustu, pehmendatud
- 12 keskmise jahuga tortillat
- 2 tassi riivitud cheddari juustu
- hakitud salat
- hapukoor

JUHISED:
a) Kuumuta ahi 375 kraadini.
b) Segage suures kausis keedetud veiseliha, sibul, tomatikaste, vesi ja vürtsid. Määri tortilladele toorjuust, keera rulli ja aseta rasvainega määritud 9x13-tollisele pannile. Vala veiselihasegu tortilladele.
c) Puista peale cheddari juust. Katke ja küpseta 25 minutit.
d) Serveeri hakitud salati peale ja raputa peale hapukoort.

76.Chilighetti

KOOSTISOSAD:
- 1 nael veisehakkliha, pruunistatud ja nõrutatud
- 1 pakk (8 untsi) spagetid, keedetud ja nõrutatud
- ½ tassi hakitud sibulat
- 1 tass hapukoort
- 2 purki (igaüks 8 untsi) tomatikastet
- 4 untsi purki viilutatud seeni
- 2 purki (igaüks 16 untsi) tšillit, mis tahes tüüpi
- 1 küüslauguküüs, hakitud
- 2 tassi riivitud cheddari juustu

JUHISED:
a) Kuumuta ahi 350 kraadini.
b) Sega suures kausis kõik koostisosad peale juustu.
c) Tõsta segu määritud 9x13-tollisele pannile. Top peale juustuga.
d) Küpseta 20 minutit.

77.Sügav roogTacos

KOOSTISOSAD:
- ½ tassi hapukoort
- ½ tassi majoneesi
- ½ tassi riivitud Cheddari juustu
- ¼ tassi hakitud sibulat
- 1 tass küpsisegu
- ¼ tassi külma vett
- ½ naela veisehakkliha, pruunistatud ja nõrutatud
- 1 keskmine tomat, õhukeselt viilutatud
- ½ tassi rohelist paprikat, tükeldatud

JUHISED:
a) Kuumuta ahi 375 kraadini.
b) Sega kausis hapukoor, majonees, juust ja sibul. Kõrvale panema.
c) Sega eraldi kausis biskviidisegu ja vesi, kuni moodustub pehme tainas.
d) Suru tainas määritud 8x8-tollise panni põhja ja külgedele.
e) Laota taignale kiht veiseliha, tomat ja paprika. Tõsta peale hapukooresegu.
f) Küpseta 25–30 minutit.

78. Kauboi pajaroog

KOOSTISOSAD:
- 1 nael veisehakkliha
- 1 keskmine sibul, hakitud
- 2 jalapeño paprikat, seemnetest puhastatud ja kuubikuteks lõigatud
- 2 pakki (igaüks 6,5 untsi) maisileiva segu
- ½ tl soola
- ½ tl söögisoodat
- 1 purk (14,75 untsi) kreemjas maisi
- ¾ tassi piima
- 2 muna, lahtiklopitud
- 2 tassi riivitud Cheddari juustu, jagatud

JUHISED:
a) Kuumuta ahi 350 kraadini.
b) Pruunista veiseliha pannil sibula ja paprikaga, kuni veiseliha on valmis. Tühjendage liigne rasv ja pange kõrvale.
c) Sega kausis maisileiva segu, sool, söögisooda, mais, piim ja munad. Laota pool taignast määritud 9x13-tollise panni põhjale. Puista pool juustust taignale. Tõsta lihasegu lusikaga ühtlaselt peale.
d) Puista ülejäänud juust lihasegule ja seejärel määri ülejäänud tainas peale.
e) Küpseta kaaneta 35 minutit või kuni maisileib on kuldpruun ja asetatud keskele.

79. Uskumatu juustuburgeri pirukas

KOOSTISOSAD:
- 1 nael veisehakkliha, pruunistatud ja nõrutatud
- 1 tass hakitud sibulat
- 1 tass riivitud Cheddari juustu
- 1 tass piima
- ½ tassi küpsisegu
- 2 muna

JUHISED:
a) Kuumuta ahi 325 kraadini.
b) Määrige 9x9-tollisele pannile veiseliha, sibul ja juust.
c) Sega kausis piim, küpsisegu ja munad. Määri taignasegu juustu peale.
d) Küpseta 25–35 minutit või kuni keskele torgatud nuga tuleb puhtana välja.

80. Liha ja kartuli pajaroog

KOOSTISOSAD:
- 1 nael veisehakkliha
- 2 keskmist sibulat, hakitud
- 1 ½ tl Itaalia maitseainet
- 4 kuni 6 keskmist kartulit, kooritud ja õhukesteks viiludeks
- soola ja pipart, maitse järgi
- 1 purk (10,75 untsi) seenesuppi, kondenseeritud
- ⅓ tassi vett

JUHISED:
a) Kuumuta ahi 350 kraadini.
b) Pruunista veiseliha ja sibul koos pannil, kuni veiseliha on valmis. Sega veiselihasegusse Itaalia maitseained. Laota kolmandik kartulitest võiga määritud 9x13-tollise panni põhjale.
c) Puista kartulid soola ja pipraga.
d) Määri peale pool veiselihasegust. Korda kihte, lõpetades kartulikihiga. Sega supp ja vesi. Määri peale supisegu.
e) Katke ja küpseta 1 tund.

81. Lihapalli pajaroog

KOOSTISOSAD:
- 1 purk (10,75 untsi) koort kanasuppi, kondenseeritud
- 1 tass hapukoort
- 1 tass riivitud Cheddari juustu
- 1 suur sibul, hakitud
- 1 tl soola
- 1 tl musta pipart
- 1 pakend (30 untsi) külmutatud hakitud räsipruunid, sulatatud
- 20 eelküpsetatud külmutatud lihapalli

JUHISED:

a) Kuumuta ahi 350 kraadini.

b) Sega kausis kokku supp, hapukoor, juust, sibul, sool ja pipar. Patsutage räsipruunid paberrätikuga kuivaks ja segage seejärel supisegusse.

c) Määri räsipruun segu määritud 9x13-tollisele pannile.

d) Suru lihapallid ühtlaste ridadena kergelt räsipruuni segusse. Katke ja küpseta 35 minutit.

e) Avage kaas ja küpsetage veel 10–15 minutit või kuni räsipruunid on valmis.

82.Sibularõngas grill Küpsetada

KOOSTISOSAD:
- 1-½ naela veisehakkliha
- 1 keskmine sibul, hakitud
- 1 purk (18 untsi) hikkori grillkastet
- 1 kott (16 untsi) külmutatud sibularõngaid

JUHISED:

a) Kuumuta ahi 425 kraadini.

b) Pruunista veiseliha ja sibul koos pannil, kuni veiseliha on valmis. Tühjendage liigne rasv. Sega grillkaste veiseliha ja sibulaga.

c) Määri veiselihasegu võiga määritud 9x13-tollisele pannile.

d) Asetage sibularõngad ühtlaselt peale.

e) Küpseta 20–25 minutit või kuni sibularõngad on krõbedad.

83. Lohakas Joe Pie pajaroog

KOOSTISOSAD:

- 1 nael veisehakkliha
- 1 keskmine sibul, hakitud
- 1 purk (15 untsi) purustatud tomateid vedelikuga
- 1 ümbrik lohakas joe maitseaine
- 1 toru (8 untsi) jahutatud poolkuu rulli tainas

JUHISED:

a) Kuumuta ahi 375 kraadini.
b) Pruunista veiseliha ja sibul koos pannil, kuni veiseliha on valmis.
c) Sega purustatud tomatid ja maitseained veiseliha ja sibula hulka.
d) Hauta keskmisel-madalal tulel 5 minutit, aeg-ajalt segades.
e) Asetage veiselihasegu võiga määritud sügavasse 9-tollisse pirukavormi või ümmargusse küpsetusnõusse.
f) Lao peale ükshaaval lamestatud poolkuud, asetades kõhna osa keskele, sirutades poolkuu taignakolmnurga alumine serv panni välisküljele.
g) Vajadusel katke tainas.
h) Küpseta 15 minutit või kuni koor on kuldpruun.

84. Edela pajaroog

KOOSTISOSAD:
- 1 nael veisehakkliha, pruunistatud ja nõrutatud
- 2 purki (igaüks 8 untsi) tomatikastet
- 1 purk (12–15 untsi) tervet maisi, nõrutatud
- 1 ümbrik taco maitseainet
- 10 keskmist gordita stiilis jahutortillat
- 1 purk (10,75 untsi) sellerisuppi, kondenseeritud
- ¾ tassi piima
- 1-½ tassi riivitud Cheddari või Mehhiko juustu

JUHISED:

a) Kuumuta ahi 350 kraadini.

b) Sega kausis keedetud veiseliha, tomatikaste, mais ja taco maitseaine. Kasutage 6 tortillat, et katta rasvainega määritud 9x13-tollise panni põhi ja küljed.

c) Määri veiselihasegu tortilladele. Kasutage ülejäänud tortillasid veiselihasegu katmiseks, vajadusel lõigake sobivaks.

d) Sega supp ja piim omavahel ning vala tortilladele. Puista peale juust.

e) Küpseta 20–25 minutit või kuni servad muutuvad kuldpruuniks.

85. Tater Tot pajaroog

KOOSTISOSAD:
- 1 nael veisehakkliha
- 1 keskmine sibul, hakitud
- 2 purki (igaüks 10,75 untsi) seenekoort, kondenseeritud
- 1 purk (14,5 untsi) täistera maisi, nõrutatud
- 1 tass riivitud Cheddari juustu
- 1 pakk (27–32 untsi) külmutatud tater tots

JUHISED:
a) Kuumuta ahi 350 kraadini.
b) Pruunista veiseliha ja sibul koos pannil, kuni veiseliha on valmis. Tühjendage liigne rasv.
c) Asetage veiselihasegu võiga määritud 9x13-tollise panni põhja.
d) Lusikatäis 1 purgisuppi peal. Puista supikihile mais ja juust.
e) Kata tater tots.
f) Määri ülejäänud purgisupp täidistele. Küpseta 40 minutit.

KALA- JA MEREANDIDE PAJAROAD

86. Tuunikala-Tater Tot pajaroog

KOOSTISOSAD:

- 1 pakk (32 untsi) külmutatud tater tots
- 1 purk (6 untsi) tuunikala, nõrutatud
- 1 purk (10,75 untsi) koort kanasuppi, kondenseeritud
- ½ tassi piima
- 1 ½ tassi riivitud Cheddari juustu

JUHISED:

a) Kuumuta ahi 350 kraadini.
b) Asetage tater totsid võiga määritud 2-liitrisesse küpsetusnõusse.
c) Kombineerige tuunikala, supp ja piim.
d) Vala tater tots ja seejärel puista juustuga. Katke ja küpseta 1 tund.

87. Traditsiooniline tuunikala pajaroog

KOOSTISOSAD:
- 1 kott (12 untsi) munanuudlid
- 1 purk (10,75 untsi) seenesuppi, kondenseeritud
- ½ tassi piima
- 1 purk (6 untsi) tuunikala, nõrutatud
- 2 tassi riivitud cheddari juustu
- ½ tassi purustatud cheddari ja hapukoore kartulikrõpse

JUHISED:
a) Kuumuta ahi 400 kraadini.
b) Keeda nuudlid vastavalt pakendi juhistele ja nõruta. Sega supp, piim, tuunikala ja juust nuudlitesse.
c) Määri nuudlisegu võiga määritud 2-liitrisesse ahjuvormi.
d) Küpseta 15 minutit. Tõsta peale purustatud laastud ja küpseta veel 3–5 minutit.

88. Sinepilõhe pajaroog

KOOSTISOSAD:
- 2 lahtiklopitud muna
- ⅔ tassi täispiima
- ½ tassi hapukoort
- ¾ tassi kuiva riivsaia
- 1 tl mereandide maitseainet
- ½ tl sidrunipipra maitseainet
- ¼ tl kuivatatud tilli
- 3 tassi keedetud helvestatud lõhet
- 3 spl. hakitud seller
- 2 spl. hakitud sibul
- 4 ½ tl sidrunimahla
- 1⅓ tassi majoneesi
- 1 spl. valmis sinep (kasuta oma lemmikut)
- 1 munavalge
- 2 spl. hakitud värske petersell

JUHISED:
a) Lisage suurde kaussi munad, piim ja hapukoor. Vahusta kuni segunemiseni. Lisa riivsai, mereannimaitseaine, sidrunipipra maitseaine ja till. Vahusta kuni segunemiseni. Lisa lõhe, seller, sibul ja sidrunimahl. Sega kuni segunemiseni.

b) Pihustage 11 x 7 ahjuvormi mittenakkuva küpsetuspreiga. Tõsta pajaroog lusikaga ahjuvormi. Kuumuta ahi 350°-ni. Küpseta 25 minutit või kuni pajaroa keskele torgatud nuga tuleb puhtana välja.

c) Pajaroa küpsemise ajal lisa väikesesse kaussi majonees ja sinep. Sega kuni segunemiseni. Lisa väikeses kausis munavalge. Vahusta muna

d) valge kuni tekivad jäigad tipud. Sega õrnalt sisse majoneesisegu. Laota pajaroa peale. Küpseta 10-13 minutit või kuni kate paisub ja on kergelt pruunistunud. Võta ahjust välja ja puista peale petersell.

89. Lõhe õhtusöögi pajaroog

KOOSTISOSAD:
- ⅓ tassi hakitud rohelist paprikat
- 3 spl. hakitud sibul
- 2 spl. taimeõli
- ¼ tassi universaalset jahu
- ½ tl soola
- 1 ½ tassi täispiima
- 10,75 untsi purgist sellerisuppi
- 6 untsi pkg. kondita nahata roosa lõhe
- 1 tass külmutatud rohelisi herneid
- 2 tl sidrunimahla
- 8 ct. saab jahutatud poolkuu rullid

JUHISED:
a) Lisage keskmisel kuumusel suurele pannile roheline paprika, sibul ja taimeõli. Hauta 5 minutit. Lisa pannile universaalne jahu ja sool. Sega pidevalt ja küpseta 1 minut. Pidevalt segades lisa aeglaselt piim.
b) Jätkake segamist ja küpseta 2-3 minutit või kuni kaste pakseneb ja mullitab. Eemaldage pann tulelt.
c) Lisa pannile sellerisupp, lõhe, rohelised herned ja sidrunimahl. Sega kuni segunemiseni ja tõsta lusikaga 11 x 7 ahjuvormi. Kuumuta ahi 375°-ni.
d) Eemaldage poolkuu tainas purgist. Ärge rullige tainast lahti. Lõika tainas 8 viiluks ja aseta pajaroa peale.
e) Küpseta 12-15 minutit või kuni poolkuu koorik on kuldpruun ja pajaroog kuum. Võta ahjust välja ja serveeri.

90. Bayou mereandide pajaroog

KOOSTISOSAD:
- 8 untsi toorjuustu, kuubikuteks
- 4 spl. soolata või
- 1 ½ tassi hakitud sibulat
- 2 selleriribi, tükeldatud
- 1 suur roheline paprika, tükeldatud
- 1 nael keedetud keskmisi krevette, kooritud ja tükeldatud
- 2 purki nõrutatud ja helvestatud krabiliha, 6 untsi
- 10,75 untsi purki seenesuppi
- ¾ tassi keedetud riisi
- 4 untsi purki viilutatud seeni, nõrutatud
- 1 tl küüslaugu soola
- ¾ tl Tabasco kastet
- ½ tl Cayenne'i pipart
- ¾ tassi hakitud Cheddari juustu
- ½ tassi purustatud Ritzi kreekereid

JUHISED:
a) Kuumuta ahi 350°-ni. Pihustage 2-liitrist ahjuvormi mittenakkuva küpsetusspreiga. Lisa väikesele kastmepannile madalal kuumusel toorjuust ja 2 spl võid.
b) Sega pidevalt ja küpseta, kuni toorjuust ja või sulavad. Tõsta pann tulelt.
c) Lisage keskmisel kuumusel suurele pannile sibul, seller, roheline paprika ja 2 spl võid. Prae 6 minutit või kuni köögiviljad on pehmed.
d) Lisa krevetid, krabi, kreemjas seenesupp, riis, seened, küüslaugusool, Tabasco kaste, Cayenne'i pipar ja toorjuustu segu. Sega kuni segunemiseni. Tõsta pann tulelt ja tõsta lusikaga ahjuvormi.
e) Puista pajaroa peale cheddari juust ja Ritzi kreekerid.
f) Küpseta 25 minutit või kuni pajaroog on kuum ja mullitav. Võta ahjust välja ja serveeri.

91. Kreemjas mereandide pajaroog

KOOSTISOSAD:
- 1 kilo lestafileed, lõigatud 1-tollisteks tükkideks
- 1 nael toores keskmise suurusega krevette, kooritud ja tükeldatud
- 10,75 untsi krevetisuppi
- ¼ tassi täispiima
- 1 tass purustatud Ritzi kreekereid
- ¼ tassi riivitud parmesani juustu
- 1 tl paprikat
- 2 spl. sulatatud soolata või

JUHISED:
a) Kuumuta ahi 350°-ni. Pihustage 11 x 7 ahjuvormi mittenakkuva küpsetusspreiga. Aseta lestatükid ja krevetid ahjuvormi.
b) Lisa segamisnõusse krevetisupp ja piim. Sega, kuni segu on segunenud, ja määri kala ja krevettide peale.
c) Lisage väikesesse kaussi Ritzi kreekerid, parmesani juust, paprika ja või. Segage kuni segunemiseni ja puistake pajaroa ülaosale.
d) Küpseta 25 minutit või kuni kala kahvliga kergesti helbeks läheb ja krevetid roosaks muutuvad.
e) Võta ahjust välja ja serveeri.

92. Hiidlesta pajaroog

KOOSTISOSAD:
- 5 spl. soolata või
- ¼ tassi universaalset jahu
- ½ tl soola
- ⅛ tl valget pipart
- 1 ½ tassi täispiima
- 1 tass hakitud rohelist paprikat
- 1 tass hakitud sibulat
- 2 tassi keedetud hiidlest, kuubikuteks
- 3 kõvaks keedetud muna, tükeldatud
- 2 untsi purki tükeldatud punaseid pimentosid, nõrutatud
- ⅓ tassi hakitud Cheddari juustu

JUHISED:
a) Lisage suurele pannile keskmisel kuumusel 4 spl võid. Kui või sulab, lisage universaalne jahu, sool ja valge pipar.
b) Sega pidevalt ja küpseta 1 minut. Pidevalt segades lisa aeglaselt piim. Jätkake segamist ja küpseta umbes 2 minutit või kuni kaste pakseneb. Tõsta pann tulelt ja aseta pannile kaas.
c) Kuumuta ahi 375°-ni. Pihustage 1,5 liitrine pajaroog mittenakkuva küpsetuspihustiga. Lisage keskmisel kuumusel väikesesse pannile 1 spl võid. Kui või sulab, lisa roheline paprika ja sibul.
d) Prae 5 minutit või kuni köögiviljad on pehmed. Tõsta tulelt ja lisa kastmele.
e) Lisa kastmele hiidlest, keedetud munad ja punased pimentoosid. Sega kuni segunemiseni ja tõsta lusikaga pajavormi.
f) Puista pajaroa peale cheddari juust.
g) Küpseta 15-20 minutit või kuni pajaroog on kuum ja mullitav.
h) Võta ahjust välja ja serveeri.

93.Küpsetatud merikeele ja spinati pajaroog

KOOSTISOSAD:
- 16 tassi vett
- 8 untsi pkg. munanuudlid
- 3 spl. soolata või
- 3 spl. universaalne jahu
- 3 tassi täispiima
- 1 ½ tassi hakitud Cheddari juustu
- 1 spl. sidrunimahl
- 1 tl soola
- 1 tl jahvatatud sinepit
- 1 tl Worcestershire'i kastet
- ⅛ tl jahvatatud muskaatpähklit
- ⅛ tl musta pipart
- 2 tk. sulatatud ja pressitud kuiv külmutatud spinat, 10 untsi
- 1 ½ naela merikeelefileed
- ¼ tassi röstitud mandleid

JUHISED:

a) Suures kastrulis keskmisel kuumusel lisage vesi. Kui vesi keeb, sega hulka munanuudlid. Küpseta 6 minutit või kuni nuudlid on pehmed. Tõsta pann tulelt ja nõruta nuudlitelt kogu vesi.

b) Suures kastrulis keskmisel kuumusel lisage või. Kui või sulab, sega hulka universaalne jahu. Sega pidevalt ja küpseta 1 minut.

c) Pidevalt segades lisa aeglaselt piim.

d) Jätkake segamist ja küpseta 2 minutit või kuni kaste pakseneb ja mullitab.

e) Lisa pannile 1 tass cheddari juustu, sidrunimahla, soola, jahvatatud sinepi, Worcestershire'i kastet, muskaatpähkel ja musta pipart. Sega, kuni segu on segunenud ja juust sulab.

f) Lisa nuudlid kastmele. Sega kuni segunemiseni. Eemalda pool kastmest ja pane kaussi.

g) Kuumuta ahi 375°-ni. Pihustage 9 x 13 ahjupanni mittenakkuva küpsetusspreiga. Tõsta lusikaga ahjupannile järelejäänud kaste. Aseta spinat ahjupannile kastme peale. Aseta tallafileed ülevalt.

h) Määri peale reserveeritud juustukaste. Puista kastmele üle mandlid.

i) Küpseta 30 minutit või kuni pajaroog on kihisev ja tald kahvliga kergesti helvesteks läheb. Võta ahjust välja ja serveeri.

94. Pajaroog maisi- ja kalapulkadega

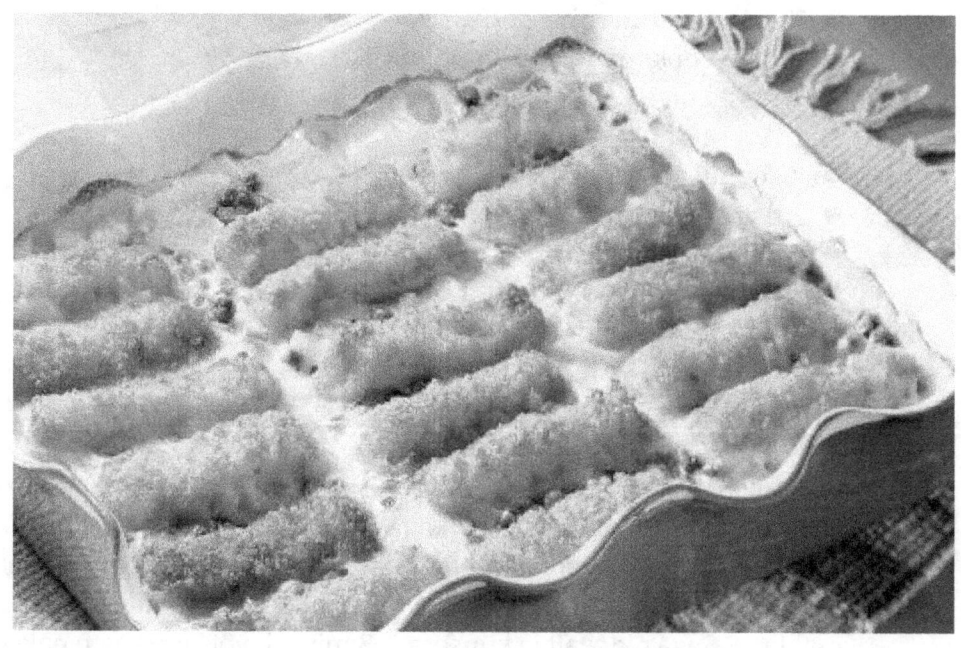

KOOSTISOSAD:
- ¼ tassi hakitud sibulat
- ¼ tassi hakitud rohelist paprikat
- ¼ tassi soolamata võid, kuubikuteks
- ¼ tassi universaalset jahu
- 1 ½ tl soola
- ¼ tl musta pipart
- 2 tl granuleeritud suhkrut
- 2 purki hautatud tomateid, suurus 14 untsi
- 2 tk. sulatatud külmutatud terve tuumamais, 10 untsi suurus
- 24 untsi pkg. külmutatud kalapulgad

JUHISED:
a) Kuumuta ahi 350°-ni. Pihustage kahte 11 x 7 ahjuvormi mittenakkuva küpsetusspreiga. Lisage suurel pannil keskmisel kuumusel sibul, roheline paprika ja või. Hauta 4 minutit.

b) Lisa pannile universaalne jahu, sool, must pipar ja granuleeritud suhkur. Sega pidevalt ja küpseta 1 minut. Lisa pannile tomatid koos mahlaga. Sega pidevalt ja küpseta 2-3 minutit või kuni kaste pakseneb ja mullitab. Tõsta pann tulelt ja lisa mais. Sega kuni segunemiseni. Tõsta lusikaga ahjuvormidesse.

c) Aseta kalapulgad pajaroa ülaosale. Kata nõud alumiiniumfooliumiga. Küpseta 25 minutit. Eemaldage alumiiniumfoolium. Küpseta 15 minutit või kuni kalapulgad on kuldpruunid ning pajaroog kuum ja kihisev.

d) Võta ahjust välja ja serveeri.

95. Austri pajaroog

KOOSTISOSAD:

- 1 liitrit tükeldatud austreid
- 2 tassi hakitud sibulat
- 1 ½ tassi hakitud sellerit
- ¾ tassi soolamata võid
- ½ tassi universaalset jahu
- 2 tassi pool ja pool koort
- 2 tl hakitud värsket peterselli
- 1 tl soola
- ½ tl kuivatatud tüümiani
- ¼ tl musta pipart
- ⅛ tl cayenne'i pipart
- 4 lahtiklopitud munakollast
- 2 tassi purustatud Ritzi kreekereid

JUHISED:
a) Nõruta austrid, kuid säilita liköör austritest väikeses kausis. Lisage suurel pannil keskmisel kuumusel sibul, seller ja ½ tassi võid. Prae 6 minutit või kuni köögiviljad on pehmed.
b) Lisa pannile universaalne jahu. Sega pidevalt ja küpseta 1 minut. Pidevalt segades lisa aeglaselt pool ja pool koort. Jätkake segamist ja küpseta umbes 2 minutit või kuni kaste pakseneb ja mullitab.
c) Alandage kuumust madalaks. Lisa petersell, sool, tüümian, must pipar, Cayenne'i pipar ja reserveeritud austrivedelik. Sega pidevalt ja küpseta 2 minutit. Lisa väikesesse kaussi lahtiklopitud munakollased. Lisa munadele 1 spl kastet. Vahusta kuni segunemiseni. Lisa munakollastele veel üks supilusikatäis kastet.
d) Vahusta kuni segunemiseni. Lisa pannile munakollased ja sega ühtlaseks. Tõsta pann tulelt.
e) Pihustage 9 x 13 ahjupanni mittenakkuva küpsetuspreiga. Kuumuta ahi 400°-ni. Määri pool kastmest ahjupannile.
f) Määri pooled austrid kastme peale. Puista peale pooled Ritzi kreekerid. Korrake kihistamise samme veel 1 kord.
g) Lisage mikrolaineahjus kasutatavasse kaussi ¼ tassi võid. Mikrolaineahjus 30 sekundit või kuni või sulab. Eemaldage mikrolaineahjust ja niristage kreekeripuru peale võid. Küpseta 25 minutit või kuni pajaroog on kihisev ja kuldpruun.
h) Võta ahjust välja ja lase enne serveerimist 10 minutit seista.

96.Kreveti pajaroog

KOOSTISOSAD:
- 2 spl. oliiviõli
- 1 ½ tassi hakitud rohelist paprikat
- 1 tass hakitud sibulat
- ⅔ tassi hakitud sellerit
- 2 küüslauguküünt, hakitud
- 1 tass kuiva pikateralist riisi
- 14 untsi saab tükeldatud tomateid
- 2 tl Tabasco kastet
- 1 tl kuivatatud pune
- ¾ teelusikatäit soola
- ½ tl kuivatatud tüümiani
- Must pipar maitse järgi
- 1 nael keskmise suurusega värskeid krevette, kooritud ja tükeldatud
- 1 spl. värsket hakitud peterselli

JUHISED:
a) Kuumuta ahi 325°-ni. Lisage suurel pannil keskmisel kuumusel oliiviõli. Kui õli on kuum, lisage roheline paprika, sibul, seller ja küüslauk. Hauta 5 minutit. Lisa pannile riis. Hauta 5 minutit.
b) Nõruta tomatid, kuid jäta vedelik alles. Lisage tomativedelikule vett nii, et see oleks 1 ¾ tassi. Lisa pannile maitse järgi tomatid, tomativedelik, Tabasco kaste, pune, sool, tüümian ja must pipar.
c) Segage, kuni see on ühendatud ja küpseta 2 minutit. Tõsta pann tulelt ja sega hulka krevetid.
d) Tõsta pajaroog lusikaga 2 ½ liitrisesse küpsetusnõusse. Kata roog alumiiniumfooliumiga. Küpseta 50-55 minutit või kuni riis on pehme.
e) Tõsta roog ahjust välja ja puista peale petersell.

97. Mereandide gratiini pajaroog

KOOSTISOSAD:
- 8 untsi keedetud keskmised krevetid, kooritud ja tükeldatud
- 8 untsi keedetud krabiliha
- 8 untsi keedetud merikeelt, tükeldatud
- 8 untsi keedetud homaari, tükeldatud
- 2 spl. soolata või
- 2 spl. universaalne jahu
- ½ tassi täispiima
- ¼ tassi riivitud parmesani juustu
- ½ tassi Coca colat
- 2 spl. panko riivsai

JUHISED:
a) Kuumuta ahi 325°-ni. Pihustage 2-liitrist ahjuvormi mittenakkuva küpsetusspreiga. Lisa küpsetusnõusse krevetid, krabi, merikeel ja homaar. Lisa keskmisel kuumusel pannil või.
b) Kui või sulab, lisage universaalne jahu. Sega pidevalt ja küpseta 1 minut.
c) Lisa pidevalt segades aeglaselt juurde piim ja parmesani juust. Sega pidevalt ja küpseta 3 minutit või kuni kaste pakseneb ja mullitab.
d) Tõsta pann tulelt ja sega hulka Coca Cola. Määri kaste ahjuvormi mereandide peale. Puista peale riivsaia.
e) Küpseta 20 minutit või kuni pajaroog on kuum ja mullitav. Võta ahjust välja ja jahuta 5 minutit enne serveerimist.

MAGUSAD PAJAROAD

98. Pajaroog maasika-purukook

KOOSTISOSAD:
- 3 ½ tassi rasket koort
- 16 untsi mascarpone kreemi, toatemperatuuril ½ tassi pluss 2 spl. tuhksuhkur
- 2 tl vaniljeekstrakti
- ¼ teelusikatäit soola
- 90 purukooki
- 2 naela värskeid maasikaid, kooritud ja viilutatud
- 1 banaan, kooritud ja viilutatud

JUHISED:
a) Lisa segamisnõusse koor, mascarpone kreem, tuhksuhkur, vaniljeekstrakt ja sool. Vahusta keskmisel kiirusel segistiga, kuni saad peaaegu jäigad tipud. Kreem peaks olema tihke, kuid siiski määritav.
b) Määri õhuke kiht kreemi 9 x 13 ahjuvormi põhja. Aseta kreemi peale kiht muretaignaküpsiseid. Määri ¼ ülejäänud kreemist küpsistele. Aseta ⅓ maasikatest kreemi peale. Aseta veel üks kiht küpsiseid maasikate peale.
c) Määri küpsistele teine kiht kreemi. Aseta kreemi peale veel ⅓ maasikatest. Aseta veel üks kiht küpsiseid maasikate peale. Korrake kihistamise samme veel 1 kord.
d) Aseta peale banaaniviilud. Määri ülejäänud kreem pajaroa peale. Kata pann kilega. Enne serveerimist hoia vähemalt 6 tundi külmkapis.

99.Šokolaaditükkidega banaanipannkoogi pajaroog

KOOSTISOSAD:
- 4 muna
- 1 tass rasket koort
- ¼ tassi vahtrasiirupit
- 1 tl vaniljeekstrakti
- 40 külmutatud minipannkooki, sulatatud
- 2 banaani, kooritud ja õhukesteks viiludeks
- ¾ tassi miniatuurseid šokolaaditükke
- Tuhksuhkur maitse järgi

JUHISED:
a) Pihustage 9-tolline ümmargune koogivorm mittenakkuva küpsetuspreiga. Lisa segamisnõusse munad, koor, vahtrasiirup ja vaniljeekstrakt. Vahusta kuni segunemiseni. Aseta pooled pannkoogid koogivormi.

b) Aseta pooled banaaniviilud pannkookidele. Puista pool šokolaaditükkidest pannkookidele. Kõige peale vala pool munasegust. Korrake kihistamise samme veel üks kord.

c) Kata pann alumiiniumfooliumiga. Tõsta 2 tunniks külmkappi. Eemaldage külmkapist ja laske pajaroog 30 minutit toatemperatuuril seista. Kuumuta ahi 350°-ni. Küpseta 30 minutit. Eemaldage pannilt alumiiniumfoolium.

d) Küpseta 5-10 minutit või kuni pajaroog on tahenenud ja pannkoogid kuumad.

e) Võta ahjust välja ja puista maitse järgi tuhksuhkruga.

100.Smoresi pajaroog

KOOSTISOSAD:
- 2 lehte külmutatud lehttaigna, sulatatud
- 1 nael toorjuustu, pehmendatud
- 1 tass granuleeritud suhkrut
- 7 untsi purki vahukommi kreem
- 9 graham kreekerid
- 6 spl. sulatatud soolata või
- 1 tass poolmagusaid šokolaaditükke
- 2 tassi miniatuurseid vahukomme

JUHISED:
a) Kuumuta ahi 375°-ni. Pihustage 9 x 13 küpsetuspannile kergelt mittenakkuvat küpsetussprei. Rulli 1 lehttaignaleht piisavalt suureks, et see mahuks küpsetusvormi põhja. Aseta lehttainas vormi põhja. Torgake lehttaigen kahvliga läbi.

b) Küpseta 4 minutit. Eemaldage ahjust ja jahutage enne täitmist täielikult.

c) Lisage segamisnõusse toorjuust ja ¾ tassi granuleeritud suhkrut. Kasutades keskmise kiirusega mikserit, klopi ühtlaseks ja sega. Lisa kaussi vahukommi kreem. Sega ühtlaseks ja määri pannil lehttaignale.

d) Purusta grahami kreekerid väikeses kausis puruks. Lisage kaussi 2 spl granuleeritud suhkrut ja 3 supilusikatäit võid. Sega ühtlaseks ja puista kreemitäidise peale.

e) Puista peale šokolaaditükid ja miniatuursed vahukommid. Rulli teine lehttaignaleht piisavalt suureks, et see kataks pealt.

f) Torgake tainas kahvliga läbi ja asetage pajaroa peale. Pintselda lehttaigna peale 3 spl võid. Puista peale ülejäänud granuleeritud suhkur.

g) Küpseta 12-15 minutit või kuni lehttaigen on paisunud ja kuldpruun.

h) Võta ahjust välja ja jahuta 5 minutit enne serveerimist.

KOKKUVÕTE

Kui lõpetame oma teekonna läbi "Kiirparanduste pajaroogade kokaraamatu", loodame, et olete avastanud maitsva hõrgutava toidu valmistamise rõõmu ja mugavuse. Pajaroogadel on eriline viis inimesi kokku tuua, olgu see siis perega õhtusöögilaua taga või sõpradega söögilaua taga. Kui jätkate pajaroogade valmistamise maailma avastamist, viigu iga proovitud retsept teid lähemale koduste toitude lihtsatele naudingutele ja kallitele mälestustele.

Kuna selle kokaraamatu viimased leheküljed on pööratud ja teie köögis hõljuvad küpsetatud headuse aroomid, siis tea, et teekond ei lõpe siin. Katsetage uute koostisosadega, kohandage retsepte vastavalt oma maitse-eelistustele ja nautige maitsvate toitude jagamise rõõmu oma armastatud inimestega. Ja kui leiate, et vajate kiiret ja lohutavat einet, on siin "Kiirparanduste pajaroogade kokaraamat", mis juhendab teid kulinaarsetel seiklustel.

Täname, et liitusite meiega sellel maitsval teekonnal läbi vormiroogade maailma. Olgu teie köök täidetud küpsetatud maiuse lohutavate aroomidega, teie laud lähedaste naeruga ja teie süda kodus valmistatud toitude soojusega. Kohtumiseni, head kokkamist ja head isu!